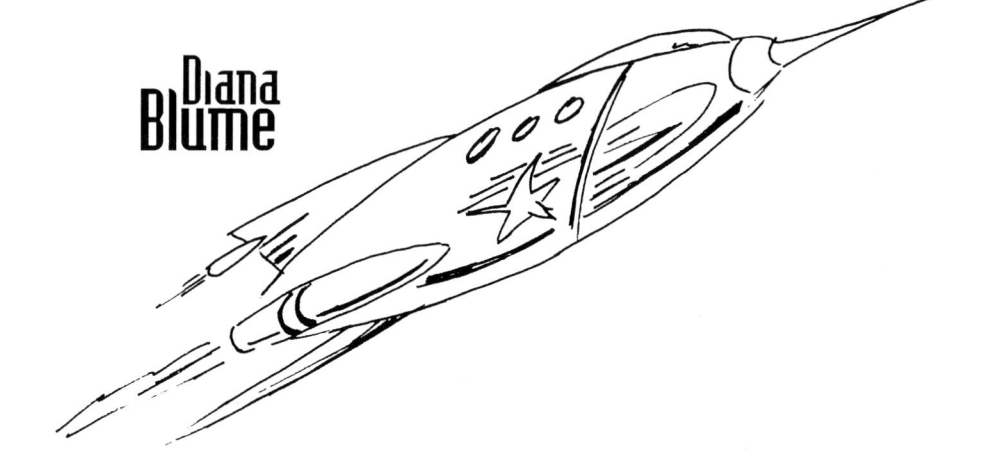

Die Weltraum Werkstatt

Diana Blume

Verlag an der Ruhr

Impressum

Titel: Die Weltraum-Werkstatt
Autorin: Diana Blume
Druck: Druckerei Uwe Nolte, Iserlohn
Verlag: Verlag an der Ruhr
Postfach 10 22 51
45422 Mülheim an der Ruhr
Alexanderstraße 54
45472 Mülheim an der Ruhr
Tel.: 02 08 – 439 54 50
Fax: 02 08 – 439 54 239
E-Mail: info@verlagruhr.de
www.verlagruhr.de

© Verlag an der Ruhr 1999
Aktualisierte Auflage 2007
ISBN 978-3-86072-434-7

Die Schreibweise der Texte folgt der neuesten Fassung der Rechtschreibregeln – gültig ab August 2006.

geeignet für die Klasse 3 4 5

Ein weiterer Beitrag zum Umweltschutz:

*Das Papier, auf das dieser Titel gedruckt ist, hat ca. **50% Altpapieranteil**, der Rest sind **chlorfrei** gebleichte Primärfasern.*

Alle Vervielfältigungsrechte außerhalb der durch die Gesetzgebung eng gesteckten Grenzen (z.B. für das Fotokopieren) liegen beim Verlag. Der Verlag untersagt ausdrücklich das Speichern und Zur-Verfügung-Stellen dieses Buches oder einzelner Teile davon im Intranet, Internet oder sonstigen elektronischen Medien.
Kein Verleih.

Inhaltsverzeichnis

Vorwort 4
Arbeit mit der Werkstatt 5
Hinweise zu den
Angeboten 6
Werkstattpass 10
Astronauten-Lexikon 11
Fantasiereise 12
Werkstattangebote 13

Auftragskarten/
Arbeitsblätter

Sternenhimmel
1. Der Sternenhimmel 13/**24**
2. Himmelsbeobachtung 13
3. Sternbilder 13/**25**
4. Mein Sternbild 14/**26**
5. Mondkalender 14/**27**
6. Die Mondoberfläche 14/**28**
7. Mondsprünge 15/**29**

Weltraum
1. Ein Tag 15/**30**
2. Unser Sonnensystem 16/**31**
3. Planeten-Merksatz 16/**32**
4. Pappmaschee-Himmelskörper 16/**33**
5. Planetengrößen 17/**34**
6. Früher und heute 17/**35**

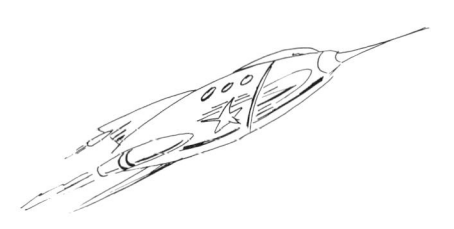

Planeten
1. Merkur – Reihumgeschichte 17/**36**
2. Venus – Verkehrte Welt 18/**37**
3. Mars-Landschaft 18/**38**
4. Jupiter – Ferien auf dem
   Jupiter 19/**39**
5. Saturn-Wirbelsturm 19/**40**
6. Uranus-Klänge 19/**41**
7. Neptun – Tageslängen von
   Planeten 20/**42**
8. Pluto – der Zwergplanet 20/**43**

Astronauten
1. Raketenantrieb 20/**44-45**
2. Raumfähren-Start 21/**46**
3. Daumenkino 21/**47**
4. Astronauten-Raumanzüge 21/**48-49**
5. Astronauten-Interview 22/**50**
6. Astronauten-Prüfung 22/**51**
7. Landung auf dem Mond 22/**52**

Sonnenfinsternis
1. Lied zur Sonnenfinsternis 23/**53**
2. Finstere Zeiten 23/**54**
3. Wortfeld „Sonne" 23/**55**
4. Kreuzworträtsel 23/**56**

Sternenhimmel-Poster 57-61
Literaturempfehlung 62

Vorwort

Der Weltraum fasziniert sowohl Kinder als auch Erwachsene gleichermaßen. Mit Spannung wurden die erste Landung auf dem Mond sowie in letzter Zeit die Marsmission „Pathfinder" verfolgt. Astronomische Ereignisse, wie in die Erdatmosphäre einfallende Kometen und Sternschnuppen oder die Sonnenfinsternis im August 1999, werden mit großem Interesse erwartet und beobachtet.

Die Kinder erhalten den unmittelbaren Zugang zum Weltraum über die **Betrachtung des Sternenhimmels**. Schon mit bloßem Auge kann man bis zu 1500 Sterne am Himmel sehen. Da sich der Sternenhimmel jedoch im Laufe der Nacht und von Monat zu Monat verändert, lassen sich die verschiedenen Sternbilder oft nicht so einfach lokalisieren. In Tageszeitungen werden jedoch häufig Karten des Sternenhimmels eines Monats abgebildet. Auf diesen finden sich auch die Planeten.

Der Mond ist für Einsteiger der Himmelsbeobachtungen ein ideales Beobachtungsobjekt. Schon mit bloßem Auge sind die dunklen Flecken – auch „Meere" genannt – zu sehen. Hellere Bereiche sind Gebirge. Mit dem Fernglas sind zudem einige Krater auf der Mondoberfläche zu erkennen. Außerdem ist der Mond von zentraler Bedeutung für das Verständnis der Himmelsmechanik. Mondphasen und Mondbahn verdeutlichen die Bewegung eines Himmelskörpers um einen anderen.

Die Planeten werden in innere und äußere Planeten unterteilt. Merkur, Venus, Erde und Mars gehören zu den inneren, erdähnlichen Planeten mit fester Oberfläche. Jupiter, Saturn, Uranus und Neptun bilden die Gruppe der äußeren Planeten. Sie besitzen keine feste Oberfläche, sondern bestehen vorwiegend aus Gas, Flüssigkeit, zu Eis gefrorenem Gas und einem kleinen Gesteinskern. Beim Planetenvergleich fällt die Einzigartigkeit unseres Planeten Erde auf, da es auf keinem anderen Planeten Lebewesen und eine so große Vielfalt an Landschaftsformen gibt.

Pluto galt seit seiner Entdeckung im Jahr 1930 als Planet und reihte sich als solcher an neunter Stelle unseres Sonnensystems hinter dem Uranus ein. 2006 wurde ihm zwar der Planetenstatus aberkannt, dafür wurde für ihn aber eine ganz neue Klasse von Himmelskörpern geschaffen: Die Zwergplaneten. Im Unterschied zu „richtigen Planeten" haben diese ihre Umlaufbahn nicht bereinigt, teilen sich diese also mit vielen anderen Himmelskörpern. In Plutos Fall ist einer davon sogar größer als er selbst und wurde nun ebenfalls zum Zwergplaneten ernannt. Bislang hat man drei solcher Himmelskörper klassifiziert.

Unser Sonnensystem mit seinen nun nur noch acht Planeten, dem Asteroidengürtel zwischen Mars und Jupiter und den Planetenmonden und Kometen ist nur ein kleiner Teil des Universums. Die Sonne ist einer von etwa 100 Milliarden Sternen in der Galaxie, die wir Milchstraße nennen. Darüber hinaus besteht das Universum aus verschiedenen Galaxienhaufen.

Die Raumfahrt untergliedert sich in die bemannte und unbemannte Raumfahrt. Am Beispiel des Raketenantriebs lässt sich das physikalische Prinzip des Rückstoßes erklären. Die Raumanzüge machen deutlich, welche veränderten Bedingungen (keine Atmosphäre, intensive Sonneneinstrahlung, ultraviolette und Röntgenstrahlung, Kälte) im Weltraum herrschen.
Starten Sie mit der Weltraum-Werkstatt zu einer Entdeckungstour ins Weltall.

Viel Spaß!

Arbeit mit der Werkstatt

Durch die Form des Werkstattunterrichts steht Ihren Schülern ein vielfältiges Arrangement von Lernsituationen und Lernmaterialien zur Verfügung. Sie können auf diese Weise selbstständig, individuell, handlungsorientiert und fächerübergreifend arbeiten.

Die Werkstattangebote sind in folgende Bereiche unterteilt:

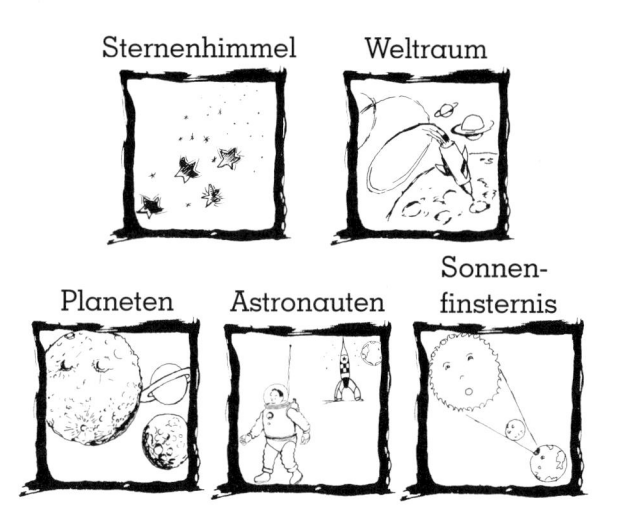

Sternenhimmel
Weltraum
Planeten
Astronauten
Sonnenfinsternis

In diesen Bereichen finden Sie Angebote zu folgenden Fächern:

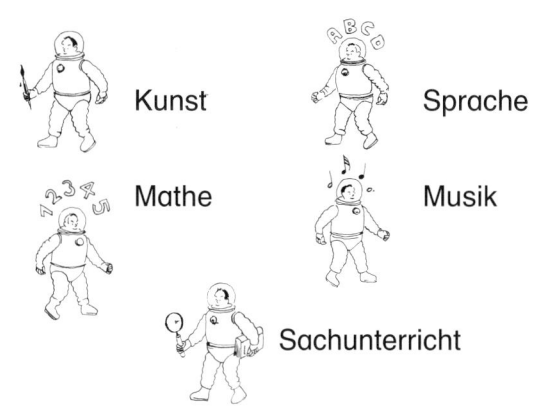

Kunst
Sprache
Mathe
Musik
Sachunterricht

Zusätzlich sind die Aufgaben, wenn nötig, mit Symbolen für die Arbeit zu zweit, zu dritt oder in der Gruppe versehen.

Jedes Kind erhält einen Werkstattpass, in dem bearbeitete Angebote mit einem Häkchen versehen werden. Während der Werkstattarbeit schreiben die Kinder zu den vorgegebenen und selbst ausgewählten Stichwörtern die Sachinformationen in ihr Astronauten-Lexikon.

Führen Sie das Thema „Weltraum" mit Hilfe der Fantasiereise ein. Im Anschluss daran können die Kinder ihre Vorstellungen und Vorerfahrungen sowohl mündlich als auch schriftlich äußern. Die Fragen und Ideen der Kinder werden gesammelt und als zusätzliche Werkstattangebote – falls noch nicht vorhanden – aufgenommen. Je mehr die Kinder einbezogen werden, desto mehr Verantwortung für das Gelingen der Werkstattarbeit und die anschließende Präsentation übernehmen sie.

Bauen Sie die Weltraum-Werkstatt in der Klasse auf. Zu jedem Angebot gehören eine Auftragskarte sowie die angegebenen Materialien und Arbeitsblätter, die Sie in einer Ablage oder einem Kopierpapierdeckel sammeln können. Verteilen Sie die Angebote in der ganzen Klasse. Geben Sie den Kindern anfangs Zeit, sich mit den Angeboten vertraut zu machen. Wenn die Klasse mit dem Chef-System vertraut ist, können auch für jedes Angebot ein oder mehrere Chefs gefunden werden, die für Fragen oder Kontrollen zuständig sind.

Planen Sie neben der Werkstattarbeit auch gemeinsame Unterrichtssequenzen ein, in denen einzelne Angebote gemeinsam besprochen oder durchgeführt oder Ergebnisse präsentiert werden. Auf jeden Fall sollten folgende Angebote in der Klasse besprochen werden:

Sternenhimmel 2: Himmelsbeobachtung
Sternenhimmel 5: Mondkalender
Weltraum 1: Ein Tag
Weltraum 4: Pappmaschee-Himmelskörper
Astronauten 1: Raketenantrieb

Hinweise zu den Angeboten

Sternenhimmel 2: Himmelsbeobachtung

In Tageszeitungen finden Sie Informationen zum Sternenhimmel des Monats. Darin sind vielfältige Auskünfte enthalten: über den Mondlauf, die Erdnähe des Mondes an bestimmten Tagen, den Sonnenlauf, Dämmerungszeiten, die zu beobachtenden Sternbilder und ihren Stand am Himmel sowie den Planetenlauf.

Um die Himmelsbeobachtung in die Klasse zu holen, können Sie eine Sternenkarte für einen bestimmten Tag und zu einer bestimmten Uhrzeit anfertigen. Diese kann mit einem Overhead-Projektor an die Wand projiziert werden.

Zeichnen Sie hierfür den aktuellen Ausschnitt des Sternenhimmels mit markanten Sternbildern auf ein Blatt Papier. Stechen Sie mit einer Nadel kleine Löcher durch die Sterne und Planetenpunkte, sodass das Licht des OHP diese als Punkte an die Wand wirft. Gemeinsam können Sie mit der Klasse einzelne Sternbilder besprechen und die Verbindungslinien der zu diesem Sternbild gehörenden Sterne ziehen. Dafür bietet sich auch das Poster des Sternenhimmels auf den Seiten 57–61 an.

Interessant ist es für die Kinder auch, einzelne Sternbilder mit phosphoreszierenden Stiften auf Karten zu malen oder mit fertigen Phosphor-Klebesternen aus dem Bastelgeschäft aufzukleben. Dann können sie die Karten zur Beobachtung des nächtlichen Himmels nutzen und ihr Sternbild suchen.

Sternenhimmel 3: Sternbilder

Zum Sternbild Kassiopeia sollten Sie den Kindern eine kurze Erklärung geben: Kassiopeia war eine sehr eitle Frau. Sie rühmte sich, schöner zu sein als die Nereiden. Diese waren im Wasser lebende, schöne Frauen. Als sie hörten, was Kassiopeia gesagt hatte, baten sie Poseidon, den Gott des Meeres, eine Sturmflut und ein Meeresungeheuer zu schicken, um die Menschen zu vernichten. Das Unglück konnte nur abgewendet werden, wenn Kassiopeia dem Ungeheuer ihre Tochter Andromeda opfern würde ...

Sternenhimmel 4: Mein Sternbild

Am besten eignet sich blaues Seidenpapier, das Sie in Bastelgeschäften erhalten. Weisen Sie die Kinder darauf hin, dass sie beim Durchstechen der Punkte vorsichtig sein müssen, damit das Papier nicht reißt.

Sternenhimmel 5: Mondkalender

Besprechen Sie bei der Einführung dieses Angebotes mit den Kindern, wie ein Mondkalender geführt wird. Auf vielen Kalendern ist der Mondstand abgebildet. Es ist sinnvoll, dem Angebot einen exemplarischen Kalender oder einen zum Teil ausgefüllten Kalender beizulegen. Damit die Kinder nicht den ganzen Tag darauf warten, wann der Mond aufgeht, sollten Sie zuvor in der Tageszeitung ungefähre Zeiten von Mondaufgang und -untergang erkunden. Die Ergebnisse der Kinder können auch in einem Klassen-Mondkalender gesammelt werden. Auf diese Weise bekommen alle Kinder einen Überblick über die Phasen des Mondes. In 27 Tagen hat der Mond die Erde einmal umkreist. Daher auch der Name „Monat", der von dem Wort „Mond" stammt. Innerhalb eines Monats wechselt der Mond von Vollmond über abnehmendem Mond zu Neumond bis hin zum zunehmenden Mond.

Hinweise zu den Angeboten

Weltraum 4: Pappmaschee-Himmelskörper

Dieses Angebot bietet sich als gemeinsame Aktivität für die ganze Klasse an. So kann man gewährleisten, dass alle Planeten gebaut werden. Vorab empfiehlt es sich, auf die Größenverhältnisse und Besonderheiten der einzelnen Planeten einzugehen.

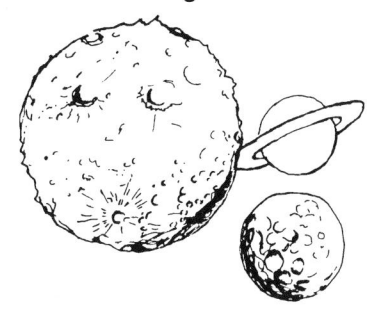

Planetengrößen:

Die Kinder sollen beim Gestalten mit Pappmaschee nicht nur ihr Wissen über die Oberfläche und Farbe des Planeten einbringen, sondern auch eine Vorstellung von den Größenverhältnissen der Planeten untereinander entwickeln. Rechnet man den Durchmesser der Planeten in einen Maßstab von 1 : 200 000 000 um, so erhält man folgende Größen für die Planeten:

Planet	Größe	Beispiel
Sonne	7 m	kleines Riesenrad
Merkur	2,5 cm	Büroklammer
Venus	6,5 cm	Tennisball
Erde	6 cm	Tennisball
Mars	3,5 cm	Tischtennisball
Jupiter	73 cm	Gymnastikball (voll aufgeblasen)
Saturn	61 cm	Gymnastikball
Uranus	25 cm	Fußball
Neptun	25 cm	Fußball
Mond	1,7 cm	große Weintraube

Hinter den Größenangaben finden Sie Beispiele dafür, wie Sie den Kindern die Größe jedes Planeten im Vergleich zu den anderen verdeutlichen können.

Es ist jedoch nur schwer möglich, die Planeten maßstabsgetreu zu gestalten. Finden Sie mit den Kindern eine Lösung, wie sie trotzdem ungefähre Größenverhältnisse einhalten können.

In Dekorations- und Bastelgeschäften gibt es für relativ wenig Geld Ballons, die dem Maßstab des Saturns und Jupiters ungefähr entsprechen.

Tipp: Kleister selber machen

Verrühren Sie 6 Tassen Wasser mit 3 Tassen Mehl in einem Kochtopf. Lassen Sie alles bei geringer Hitze kochen, bis eine zähflüssige Masse entsteht. Ist sie zu dickflüssig, geben Sie noch etwas Wasser hinzu.
Sobald die Masse abgekühlt ist, können die Kinder mit der Gestaltung der Pappmaschee-Planeten beginnen.

Planeten 3: Marslandschaft

Diesem Angebot sollten Sie auf jeden Fall Farbbilder der Marslandschaft beilegen. Viele Bilder finden Sie im Internet unter den in den Literaturhinweisen angegebenen Adressen. Es wurden aber auch schon viele Bilder in Büchern oder Zeitschriften veröffentlicht. Sie können sich auch an die DLR oder – falls Sie die Werkstatt frühzeitig planen – an die NASA wenden. Für den Bau der Marslandschaft müssen Sie das Material in der Klasse bereitstellen oder die Kinder veranlassen, es mitzubringen.

Planeten 5: Saturn-Wirbelsturm

Sie sollten vorab die Verschlusskappen vorbereiten. Kleben Sie sie mit Sekundenkleber aufeinander. Dabei liegen die Deckeloberseiten aneinander. Stechen Sie danach mit einer heißen Nadel oder einem Nagel ein Loch durch die Deckeloberseite.

Hinweise zu den Angeboten

Astronauten 1: Raketenantrieb

Besprechen Sie dieses Angebot vorher mit den Kindern. Die Stühle sollten in einem Abstand von mindestens zehn Schritten aufgestellt und die Leine sollte waagerecht gespannt sein. Für den Versuch eignen sich am besten längliche Luftballons.

Astronauten 3: Daumenkino

Bei den Daumenkinos sollten Sie darauf achten, dass die Bilder ordentlich ausgeschnitten werden und genau aufeinanderliegen. Besonders gut eignet sich etwas festeres Papier. Beim Kleben sollte nur der äußere linke Rand mit Kleber bestrichen werden.

Astronauten 7: Landung auf dem Mond

Ebenso wie bei dem Angebot zur Marslandschaft sollten Sie dieser Aufgabe Bilder der Mondlandung beilegen. Auch diese finden Sie im Internet oder in der im Anhang aufgeführten Literatur.

Sonnenfinsternis 1: Lied zur Sonnenfinsternis

Lernen Sie das Lied mit den Kindern gemeinsam. Sie können es als Einstieg oder Abschluss für die Arbeit in der Weltraum-Werkstatt singen. Schön ist es, wenn sich die Kinder als Sonne, Mond und Erde verkleiden. Das gelb gekleidete „Sonnenkind" steht im Licht eines Diaprojektors. Das weiß gekleidete „Mondkind" trägt eine weiße, große Pappscheibe vor sich und schiebt sich beim Singen zwischen die Sonne (Diaprojektor) und die Erde. Das blau gekleidete „Erdenkind" bleibt auf seiner Stelle stehen. Das Werkstattangebot können Sie auch erweitern, indem die Kinder ihr Lied mit dem Kassettenrekorder aufnehmen.

Die Melodie zum Lied finden Sie in: Kolibri - Das Liederbuch für die Grundschule, Schroedel Schulbuchverlag, 1995. ISBN 3-507-02503-5

Weltraumbuch

Die Arbeitsblätter und Geschichten werden in einem Weltraumbuch gesammelt. Das Titelbild fertigen die Kinder bei dem Angebot „Astronauten 7: Landung auf dem Mond" an. Möglich wäre es, am Ende der Weltraum-Werkstatt die Eltern oder die Nachbarklasse zu einer Austellungsbesichtigung oder einem Weltraum-Tag einzuladen und die entstandenen Werke auszustellen.

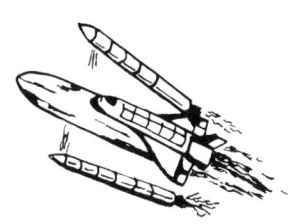

Astronauten-Lexikon

Stellen Sie eine ausreichende Zahl an Lexikon-Vorlagen zur Verfügung. Die Kinder schreiben ihre Informationen auf die vorgegebenen Seiten. In den Kreis am Kopf jeder Seite schreiben sie den Anfangsbuchstaben des erklärten Begriffes. So können die einzelnen Seiten am Ende alphabetisch sortiert, übereinandergelegt und geheftet werden. Sicher gestalten die Kinder gerne noch ein Titelblatt für ihr Lexikon.

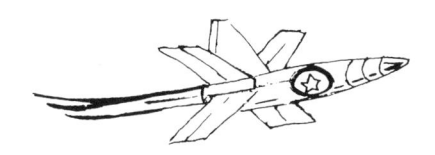

Weltraumbibliothek

Lassen Sie die Kinder Sachbücher und Lexika mitbringen. So können die Kinder selbstständig weiterforschen und Informationen für ihr Astronauten-Lexikon sammeln.

Hinweise zu den Angeboten

Werkstattbegleitende Aktivitäten

Zur Rhythmisierung des Unterrichts eignen sich Lieder über den Mond oder die Sterne sowie Bewegungslieder wie die „Weltraumreise" in „Bewegen und Entspannen nach Musik" (siehe Literaturhinweise). Bei diesem Bewegungsspiel können die Kinder den Zustand der Schwerelosigkeit nachvollziehen.

Planetarium-Besuch

Wenn Sie die Möglichkeit haben, so besuchen Sie eine nahe gelegene Sternwarte oder ein Planetarium. Einige Adressen finden Sie in den Literaturhinweisen. Dort gibt es häufig spezielle Angebote für Schulklassen, die sehr zu empfehlen sind.

Korrespondenz mit der DLR oder Sternwarten

Sammeln Sie mit den Kindern Fragen zu Astronautenausbildung, Weltraumflügen usw. Diese können Sie in einem Brief an die Pressestelle der DLR oder einer Sternwarte in ihrer Nähe schicken. Eine Antwort von solchen Institutionen ist für Kinder immer beeindruckend.

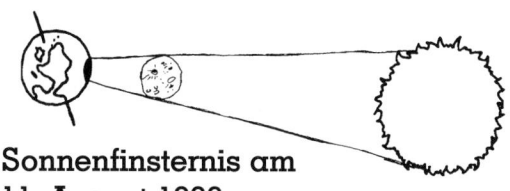

Sonnenfinsternis am 11. August 1999

Für das Ereignis der Sonnenfinsternis bieten einige Verlage spezielle Bastelmaterialien wie Sonnen-Sicht-Brillen, Sonnenteleskope oder einen Sonnenkompass an. Die Adressen dieser Verlage finden Sie ebenfalls in den Literaturhinweisen.

Geschichten/Märchen

Sie können den Kindern werkstattbegleitend Geschichten und Märchen zum Thema Weltraum oder Sternenhimmel vorlesen. Büchertipps finden Sie in den Literaturhinweisen.

Sport

Als Aufwärmspiel eignet sich das Spiel „Asteroiden im Weltraum". Die Kinder laufen im Uhrzeigersinn durch die Sporthalle und müssen dabei den entgegen dem Uhrzeigersinn „laufenden" Asteroiden (Kindern) ausweichen. Als Alternative können Asteroiden in Form von Hindernissen (Seilchen, Hütchen) aufgestellt werden, um die die Kinder Slalom laufen. Lassen Sie die Kinder das Sonnensystem mit den um die Sonne kreisenden Planeten nachspielen. In der Mitte der Halle befindet sich ein Kind als Sonne. Um das Kind herum kreisen – von innen nach außen – die „Planetenkinder" Merkur, Venus, Erde, Mars, Jupiter, Saturn, Uranus, Neptun. Bereiten Sie Schilder vor, auf denen unterschiedliche Geschwindigkeitsangaben stehen:
Merkur = schnell laufen, Venus = langsam laufen, Erde = schnell gehen, Mars = gehen, Jupiter = gehen, Saturn = kleine Schritte; Uranus = kleine Schritte, Neptun = Fuß an Fuß setzen.

Ebenso wie das Kreisen der Planeten um die Sonne kann auch die Drehung der Planeten um sich selbst nachgespielt werden.
Die unterschiedlichen Zeitdauern finden Sie in Angebot „Planeten 7: Neptun – Tageslängen von Planeten".

Es lassen sich auch Stationen zur Schwerelosigkeit (Trampolin), den Kreisbewegungen der Planeten (Übungen mit dem Ball), den Saturn-Ringen (Reifen) usw. als Astronauten-Fitnessübung oder Weltraumstationen vorbereiten.

Die Weltraum Werkstatt

Werkstattpass

VON: _____

1. Kapitel: Sternenhimmel

- [ ] 1. Der Sternenhimmel
- [ ] 2. Himmelsbeobachtung
- [ ] 3. Sternbilder
- [ ] 4. Mein Sternbild
- [ ] 5. Mondkalender
- [ ] 6. Die Mondoberfläche
- [ ] 7. Mondsprünge

2. Kapitel: Weltraum

- [ ] 1. Ein Tag
- [ ] 2. Unser Sonnensystem
- [ ] 3. Planeten-Merksatz
- [ ] 4. Pappmaschee-Himmelskörper
- [ ] 5. Planetengrößen
- [ ] 6. Früher und heute

3. Kapitel: Planeten

- [ ] 1. Merkur – Reihumgeschichte
- [ ] 2. Venus – Verkehrte Welt
- [ ] 3. Mars-Landschaft
- [ ] 4. Jupiter – Ferien auf dem Jupiter
- [ ] 5. Saturn-Wirbelsturm
- [ ] 6. Uranus-Klänge
- [ ] 7. Neptun – Tageslängen von Planeten
- [ ] 8. Pluto – der Zwergplanet

4. Kapitel: Astronauten

- [ ] 1. Raketenantrieb
- [ ] 2. Raumfähren-Start
- [ ] 3. Daumenkino
- [ ] 4. Astronauten-Raumanzüge
- [ ] 5. Astronauten-Interview
- [ ] 6. Astronauten-Prüfung
- [ ] 7. Landung auf dem Mond

5. Kapitel Sonnenfinsternis

- [ ] 1. Lied zur Sonnenfinsternis
- [ ] 2. Finstere Zeiten
- [ ] 3. Wortfeld „Sonne"
- [ ] 4. Kreuzworträtsel

Astronauten-Lexikon

Astronauten-Lexikon

Astronauten-Lexikon

Astronauten-Lexikon

Astronauten-Lexikon

Fantasiereise

Weltraumreise

Ich lade dich jetzt ein, mit auf eine Weltraumreise zu kommen.
—— Bevor es losgeht, mache es dir so richtig gemütlich.
—— Vielleicht schließt du auch die Augen. —— Steige nun in
die Raumfähre ein, setze dich bequem hin, und schnalle dich gut fest.
—— Du fühlst dich wohl und bist schon ganz gespannt auf den Flug.
——— Der Countdown läuft: 5, 4, 3, 2, 1, 0. Die Raumfähre startet.
—— Du fliegst durch die Wolken – immer höher und höher.
Die Raumfähre entfernt sich immer mehr von der Erde, bis du im
Weltraum bist. —— Hier ist es ganz still. Kein Geräusch ist zu hören.

—— PAUSE ——

Du schnallst den Gurt ab und schwebst durch die Raumfähre.
Hier im Weltraum bist du schwerelos. —— Du weißt nicht,
wo oben und unten ist. Es ist ein schönes Gefühl, schwerelos
zu sein. ——— Schaue nun aus dem Fenster. Es ist dunkel
um dich herum. In der Ferne siehst du funkelnde Sterne.
——— Kannst du auch Planeten erkennen? Schaue in
alle Richtungen. Was kannst du sehen? ——— Vielleicht
siehst du den Planeten Mars. Er schimmert rötlich.
——— Oder du siehst den Mond mit seinen dunklen Kratern.

—— PAUSE ——

Suche dir nun von all den Sternen einen aus, der für dich am
schönsten strahlt. Wenn du möchtest, kannst du ihm zuzwinkern.
So als ob du ihm eine geheime Botschaft sendest.
—— Blicke nun nach unten. Kannst du dort die blaue Erde sehen?
Sie ist von einer Wolkendecke verhangen. —— Mache dich nun
langsam auf den Rückweg. —— Schwebe zu deinem Sitz,
schnalle dich an, und mache es dir vor der Landung bequem.
Du kannst auch noch ein letztes Mal in den Weltraum schauen
und von deinem Stern Abschied nehmen.
——— Wieder fliegst du durch die Wolkendecke.
Die Erde kommt immer näher und näher.
Langsam setzt die Raumfähre auf der Landebahn auf
und kommt zum Stehen.
—— Wenn ich von 3 bis 0 gezählt habe, schnallst du dich ab,
öffnest langsam die Augen und reckst und streckst dich.
—— 3, 2, 1, 0. Schaue dich um, und strecke dich nach
dieser Weltraumreise ausgiebig.

Auftragskarten

Sternenhimmel 1:

Der Sternenhimmel

1. Sieh dir den Sternenhimmel an.
2. Lies die Texte.
3. Welcher Text gehört zu welchem Teil des Sternenhimmels? Schreibe die passenden Zahlen in die Kreise.
4. Schreibe in dein Astronauten-Wörterbuch, was du über Sterne, Sternschnuppen, Mond, Planeten, Weltraum erfahren hast.

Sternenhimmel 2:

Himmelsbeobachtung

1. Beobachte an einem sternenklaren Abend den Himmel.
2. Betrachte den Mond genau.
3. Welcher Stern leuchtet am hellsten?
4. Kannst du Sternbilder finden?
5. Male und schreibe auf, was du beobachtet hast.

Sternenhimmel 3:

Sternbilder

1. Lies die Texte.
2. Male die Sternbilder wie im Beispiel weiter.
3. Wenn es auf dem Blatt zu eng ist, kannst du die Sternbilder auch abpausen und auf einem anderen Blatt weitermalen.
4. Versuche am Abend, die Sternbilder am Himmel wiederzufinden.

Die Weltraum Werkstatt

Auftragskarten

Sternenhimmel 4:

Mein Sternbild

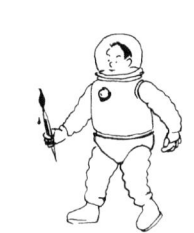

Du brauchst:
blaues Seidenpapier,
eine Dose ohne Deckel und Boden,
einen feinen Filzstift,
Klebstoff,
ein Gummi,
eine Nadel.

1. Male dein eigenes Sternbild.
2. Bastel dir eine Sternbilddose.
   Die Anleitung findest du auf dem Arbeitsblatt.

Sternenhimmel 5:

Mondkalender

1. Beobachte den Mond einen Monat lang, sooft du kannst.
2. Schreibe auf, wann er aufgeht und wann er untergeht.
3. Male die Form des Mondes in den Kalender.
   Vielleicht bringst du einen Kalender von zu Hause mit,
   in dem die Mondformen abgebildet sind.

Sternenhimmel 6:

Die Mondoberfläche

1. Lies den Text. Schreibe die Namen von Meeren auf der Erde auf.
2. Gibt es auch Krater auf der Erde? Wie heißen sie?
   Schaue in einem Atlas nach.
3. Schreibe in dein Astronauten-Lexikon,
   was du über den Mond herausgefunden hast.

Auftragskarten

Sternenhimmel 7:

Mondsprünge

1. Rechne die Aufgaben.
2. Erfinde eigene Aufgaben. Schreibe sie auf Karteikarten. Schreibe die Lösung auf die Rückseite.
3. Schreibe in dein Astronauten-Lexikon, was du über die Schwerkraft herausgefunden hast.

Weltraum 1:

Ein Tag

Das braucht ihr:
 eine Weltkugel (Globus),
 einen roten und einen weißen Klebepunkt,
 eine Taschenlampe.

1. Lest den Text.
2. Sucht Deutschland auf der Weltkugel.
 Klebt einen roten Punkt darauf.
 Klebt einen weißen Punkt auf Australien.
3. Ein Kind dreht langsam die Weltkugel.
 Das andere Kind beleuchtet die Weltkugel
 mit der Taschenlampe. So könnt ihr Tag und Nacht
 auf der Weltkugel erzeugen.
4. Schreibt in eure Astronauten-Lexika,
 was ihr über den Tag herausgefunden habt.

Auftragskarten

Weltraum 2:

Unser Sonnensystem

1. Lies das Gedicht.
2. Male die Planeten in der passenden Farbe aus.
3. Lerne das Gedicht auswendig.
4. Sprich es deiner Klasse oder der Nachbarklasse vor.

Weltraum 3:

Planeten-Merksatz

1. Lies dir den Merksatz durch.
2. Denke dir einen eigenen Merksatz mit den Anfangsbuchstaben der Planeten aus.
3. Male ein Bild dazu.
4. Lerne den Satz auswendig, und trage ihn deinen Mitschülern vor.

Weltraum 4:

Pappmaschee-Himmelskörper

Du brauchst:
Kleister,
einen Luftballon,
Zeitungspapier.

1. Gestalte deinen Lieblingsplaneten, die Sonne oder den Mond aus Pappmaschee.
   Sieh dir dafür noch einmal in einem Buch an, wie es auf deinem Himmelskörper aussieht.
2. Schreibe auf ein Blatt, was du über deinen Planeten weißt:
   Name, Größe, Farbe, Aussehen, Anzahl der Monde, Besonderheiten.

Die Weltraum Werkstatt

Auftragskarten

Weltraum 5:

Planetengrößen

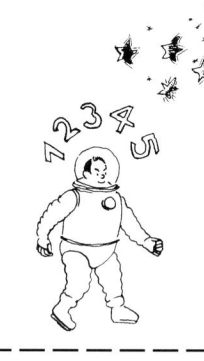

1. Rechne die Aufgaben.

Weltraum 6:

Früher und heute

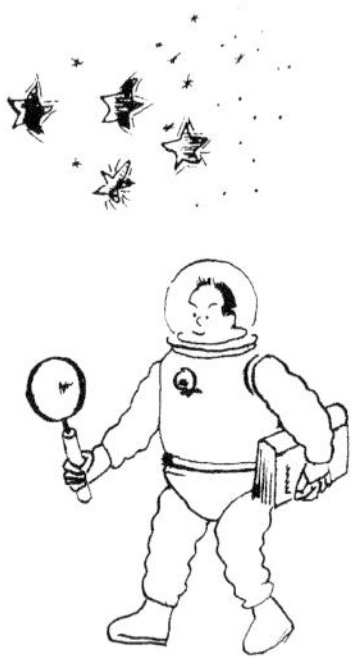

1. Lies die Texte.
2. Schneide die Bilder und Texte aus.
3. Lege immer das passende Bild zum Text, und klebe sie auf ein Blatt Papier.
4. Wie sieht dein Bild von der Erde und dem Weltraum aus? Male und beschreibe es.

Planeten 1:

Merkur – Reihumgeschichte

1. Lest den Text.
2. Überlegt euch, was ihr am Tage gegen die Hitze auf dem Merkur machen könnt:
   Ich steige in einen Sack mit Eiswürfeln.
   Ich träume von Eskimos und Iglus.
   Oder was sonst?
3. Überlegt euch, was ihr nachts gegen die Kälte machen könnt. Vielleicht:
   Ich schlafe auf 1 000 000 Wärmflaschen.
   Ich suche mir einen Riesenteddy zum Kuscheln.
4. Schreibt eine Reihumgeschichte.
   Ein Kind schreibt einen Satz und gibt das Blatt an den Nachbarn weiter.

Auftragskarten

Planeten 2:

Venus – Verkehrte Welt

Du brauchst:
einen Spiegel, ein Schreibheft, Karteikarten.

1. Entziffere die Spiegelschrift.
   Nimm den Spiegel zu Hilfe.
2. Umkreise die schwierigen Stellen der Wörter
   mit einem Buntstift.
3. Partnerdiktat ins Heft:
   Diktiere deinem Partner die Wörter und
   den Satz bis zur gestrichelten Linie. Kontrolliere!
   Lasse dir nun die Wörter und den Satz
   unter der Linie diktieren. Dein Partner kontrolliert!
4. Schreibt selbst Spiegelschriftwörter auf Karteikarten.
   Schlagt diese Wörter vorher im Wörterbuch nach.

Planeten 3:

Mars-Landschaft

Du brauchst:
eine Kiste mit rotem Sand, Klappkarten,
ein Bild von der Marslandschaft, rötliche Steine.

1. Schaue dir an, wie es auf dem Mars aussieht.
2. Lies den Text.
3. Baue die Marslandschaft in der Kiste nach.
4. Gib den Felsen und Steinen Namen.
   Schreibe diese Namen auf die Klappkarten, und stelle sie dazu.
5. Schreibe in dein Astronauten-Lexikon,
   was du über den Mars herausgefunden hast.

Die Weltraum Werkstatt

Auftragskarten

Planeten 4:

Jupiter –
Ferien auf dem Jupiter

1. Lies den Text.
2. Rechne die Aufgaben.
3. Erfinde eigene Aufgaben.
   Schreibe sie auf Karteikarten.
   Schreibe die Lösung auf die Rückseite.

Planeten 5:

Saturn-Wirbelsturm

Ihr braucht:
   2 Plastikflaschen, 2 aneinandergeklebte Deckel
   mit einem Loch in der Mitte, Wasser.

1. Baut euch einen Wirbelsturm in der Wasserflasche.
   Die Bauanleitung hilft euch dabei.
2. Führt den Versuch durch.
   Schreibt auf, was ihr beobachtet habt.

Planeten 6:

Uranus-Klänge

Ihr braucht:
   Instrumente

1. Lest euch die Geschichte durch.
2. Verklanglicht die Geschichte.
   Ein Kind liest die Geschichte vor.
   Nach jedem Abschnitt werden die entsprechenden Klänge erzeugt.
   ODER
   Während des Vorlesens wird die Geschichte
   mit den entsprechenden Klängen untermalt.
3. Ihr könnt die Geschichte auch weiterschreiben
   und verklanglichen.

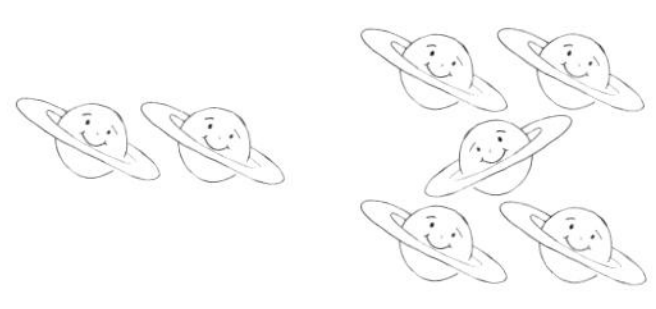

Die Weltraum Werkstatt

Auftragskarten

Planeten 7:

Neptun –
Tageslängen von Planeten

1. Lies dir die Hinweise genau durch.
2. Rechne die Tageslängen um in Stunden.
   Schreibe die Rechnungen in dein Rechenheft.
3. Schreibe die Planeten in der Reihenfolge
   ihrer Tageslängen auf.
   Beginne mit dem Planeten, auf dem der Tag am kürzesten ist.

Planeten 8:

Pluto – der Zwergplanet

1. Lies dir den Text durch.
2. Schreibe einen Zeitungsartikel.
   Die Fragen auf dem Arbeitsblatt helfen dir dabei.

Astronauten 1:

Raketenantrieb

Ihr braucht:
einen Strohhalm, einen dünnen Faden, zwei Stühle,
Tesafilm, einen länglichen Luftballon.

1. Führt die Versuche mit dem Luftballon durch.
2. Schreibt auf, was ihr beobachtet habt.
3. Lest das Informationsblatt über den Raketenantrieb.

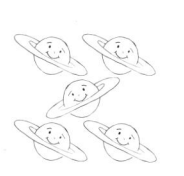

Die Weltraum Werkstatt

Auftragskarten

Astronauten 2:

Raumfähren-Start

1. Sieh dir die Bilder genau an.
2. Schreibe zu jedem Bild auf, was passiert.
   Die Stichwörter helfen dir dabei.

Astronauten 3:

Daumenkino

1. Male jedes Bild in denselben Farben aus.
2. Schneide die Bilder aus.
3. Lege sie übereinander. Das erste Bild liegt oben,
   das zwölfte Bild ganz unten.
4. Klebe die Bilder an der linken Seite übereinander.
5. Nun kannst du dir den Start der Rakete
   in deinem Daumenkino ansehen.

Astronauten 4:

Astronauten-Raumanzüge

Ihr braucht:
jedes Kind ein Astronauten-Malblatt und ein Leseblatt,
einen Würfel.

Spielregeln
1. Ein Kind beginnt zu würfeln.
2. Suche auf dem Leseblatt die Augenzahl deines Wurfes.
3. Lies den ersten Satz laut vor.
4. Male ein Feld auf dem Malblatt aus, in dem die Zahl steht.
5. Würfelst du eine 6, dann darfst du dir eine Zahl von 1–5 aussuchen.
6. Nun ist dein Partner an der Reihe.
7. Das Spiel ist zu Ende, wenn ein Spieler alle Teile
   des Raumanzugs angemalt hat.

Wenn du eine Zahl noch einmal würfelst, lies den zweiten Satz,
der zu dieser Zahl gehört, und male ein weiteres Feld aus.

Auftragskarten

Astronauten 5:
Astronauten-Interview

1. Lest das Astronauten-Interview.
2. Sprecht darüber, wie ihr euch das Leben in einer Raumfähre vorstellt.
3. Spielt das Leben in einer Raumfähre nach: Aufstehen, frühstücken, Geräte kontrollieren, mit dem Raumanzug im Weltall schweben, einen Satelliten reparieren, auf die Toilette gehen, Freizeit, schlafen gehen.

Astronauten 6:
Astronauten-Prüfung

1. Beantworte die Fragen.
   Es sind manchmal auch zwei Antworten richtig.
2. Kreuze die richtige Lösung an, und finde das Lösungswort.

Astronauten 7:
Landung auf dem Mond

1. Sieh dir das Bild von der Landung der ersten Astronauten auf dem Mond an.
2. Lies den Text.
3. Überlege, was die Inschrift bedeuten soll.

Male ein Titelbild für dein Weltraumbuch!
Du brauchst:
   ein Bild von der Mondlandung, ein Blatt, Wachsmalstifte, eine Schere, Klebstoff.

1. Schneide den Astronauten auf dem Blatt aus.
2. Überlege dir, auf welchem Planet dein Astronaut landet.
   Wie sieht es dort aus?
   Welche Farbe hat der Planet?
   Gibt es dort Krater, Vulkane oder Wasser?
3. Male deinen Planeten auf das Zeichenblatt.
4. Male auch ein Schild. Welche Nachricht hinterlässt du für andere Lebewesen auf deinem Planeten?
5. Klebe zum Schluss den Astronauten auf den Planeten.

Die Weltraum Werkstatt

Auftragskarten

Sonnenfinsternis 1:

Lied zur Sonnenfinsternis

Ihr braucht:
eine Taschenlampe,
einen runden Pappkreis als Mond, eine Weltkugel.

1. Übt das Lied, und lernt es auswendig.
2. Spielt dazu die Sonnenfinsternis nach.
   Ein Kind ist die Sonne und hält die Taschenlampe.
   Ein Kind ist der Mond und schiebt den Pappkreis
   zwischen Sonne und Erde.
   Das dritte Kind ist die Erde und bestaunt die Sonnenfinsternis.
3. Singt und spielt es euren Mitschülern vor.

Sonnenfinsternis 2:

Finstere Zeiten

1. Schneide die Puzzleteile auseinander.
2. Lege sie passend aneinander.
3. Klebe sie auf ein Blatt oder in dein Heft.
4. Lies den Text.
5. Male die Bilder aus.

Sonnenfinsternis 3:

Wortfeld „Sonne"

1. Schreibe in den Kasten oben, was dir zu dem Wort „Sonne" einfällt.
2. Finde die verwandten Wörter, und schreibe sie auf.
3. Setze die Nomen zusammen, und schreibe sie mit Begleiter auf.

Sonnenfinsternis 4:

Kreuzworträtsel

1. Löse das Kreuzworträtsel.
2. Finde das Lösungswort.

Die Weltraum Werkstatt

© Verlag an der Ruhr, Postfach 10 22 51, 45422 Mülheim an der Ruhr

Sternenhimmel 1:

Der Sternenhimmel

INFO Alle Sterne, die Planeten, den Mond, die Erde und alles, was sie umgibt, nennt man **Weltraum oder Weltall**. Unsere Sonne mit den Planeten, die sie umkreisen, ist nur ein kleiner Teil des Weltraums.

POLARSTERN

Venus

1. Sternschnuppen sind kleine Felsbrocken, die Richtung Erde stürzen. Sie ziehen einen Schweif hinter sich her.

2. In einer sternenklaren Nacht kannst du bis zu 1500 Sterne leuchten sehen. Sterne sind viel größer als Planeten und Monde. Von Nahem sehen sie aus wie riesige Feuerbälle.
Unsere Sonne ist ein Stern.

3. In der Nacht ist der Mond zu sehen. Er besteht aus Gestein. Der Mond leuchtet, weil er von der Sonne angestrahlt wird und das Licht wieder abstrahlt.

4. Einige Planeten kannst du am Sternenhimmel sehen.
Sie leuchten, genau wie der Mond, nicht von sich aus, sondern werden von der Sonne angestrahlt und reflektieren das Licht. Planeten sind viel kleiner als Sterne.

Die Weltraum Werkstatt

Sternenhimmel 3:

Sternbilder

INFO

Schon vor langer Zeit haben die Menschen die Sterne am Nachthimmel bewundert.
Die Griechen zeichneten die größten und am hellsten leuchtenden Sterne auf Sternkarten auf.
Manche Sterne, die nahe beieinander stehen, bilden **Muster am Himmel**.

Die Griechen verbanden diese Sterne durch Striche miteinander. Die Muster nannten sie auch Sternbilder und gaben ihnen Namen. Sie benannten sie nach Göttern und Tieren.
Heute würdest du ihnen vielleicht die Namen Hund, Ball, Drachen oder den Namen deines besten Freundes geben.

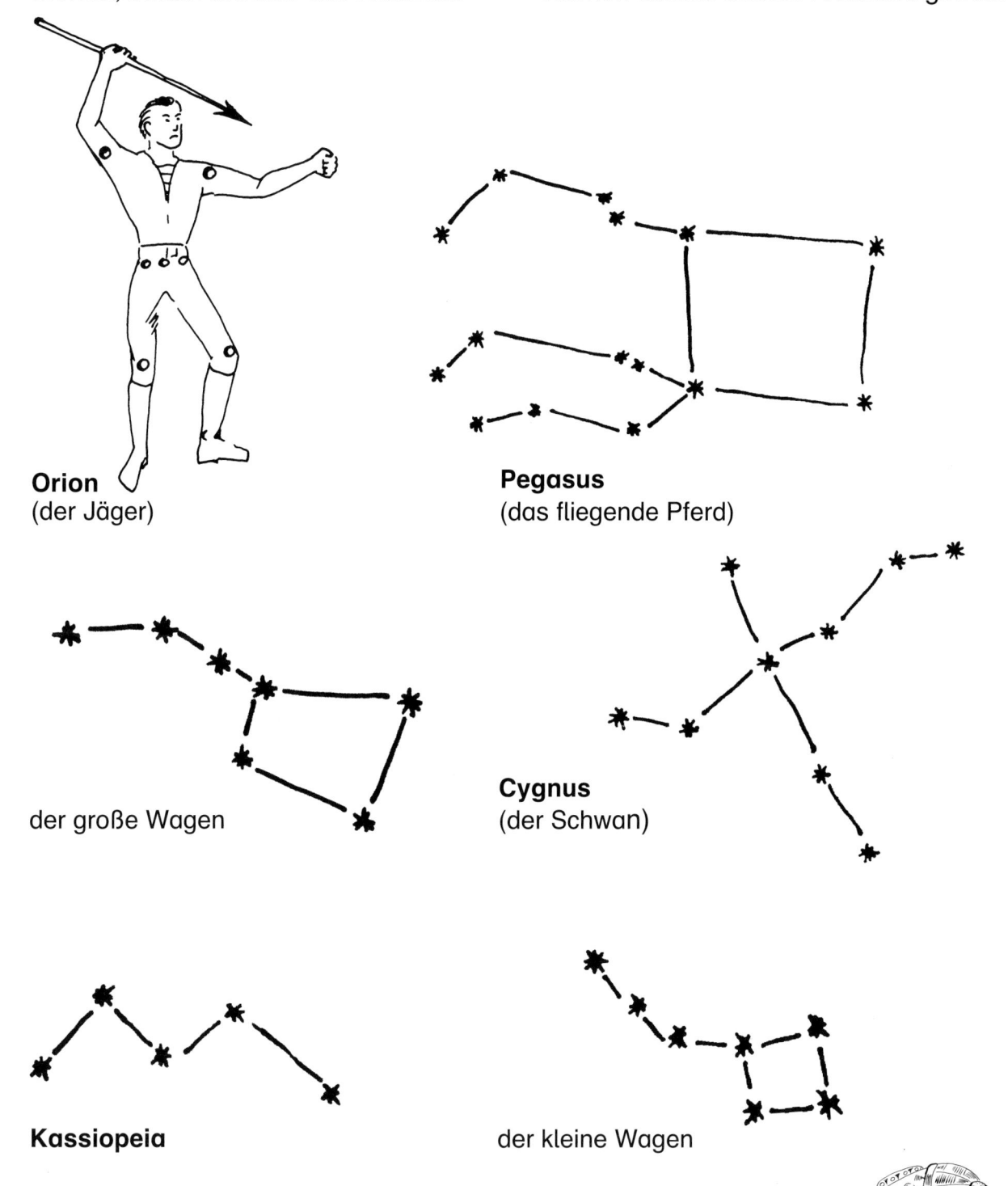

Orion
(der Jäger)

Pegasus
(das fliegende Pferd)

der große Wagen

Cygnus
(der Schwan)

Kassiopeia

der kleine Wagen

Sternenhimmel 4:

Mein Sternbild

INFO Unten siehst du das Sternbild **„Großer Wagen"**.
Es besteht aus sieben Sternen. Es ist ein Teil des Sternbildes
„Großer Bär". Überlege dir, welches Sternbild du aus
diesen Sternen machen willst. Es kann ein Tier, ein Mensch,
ein Gegenstand oder etwas anderes werden.
Wenn du möchtest, kannst du dir auch ein anderes Sternbild
vom Arbeitsblatt Sternenhimmel 3 aussuchen.

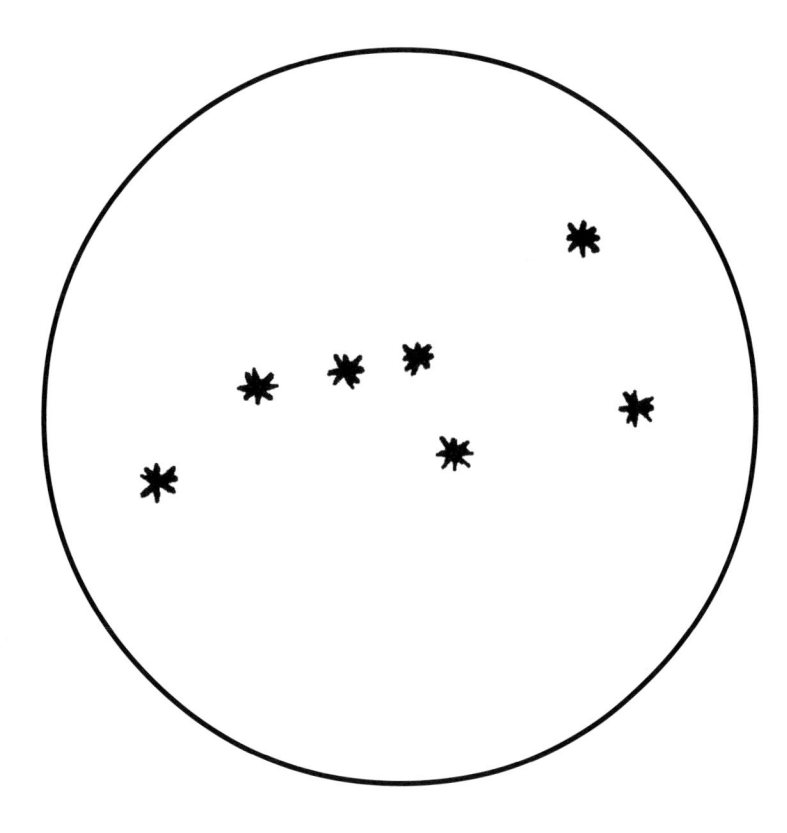

So geht es:
1. Zeichne mit Bleistift dein Sternbild zu den Sternen.
2. Lege das blaue Seidenpapier auf die Vorlage oben.
3. Zeichne zuerst die sieben Punkte mit dem Filzstift nach.
4. Zeichne danach dein Sternbild ab.
5. Bestreiche den oberen Rand der Dose mit Klebstoff.
6. Spanne das Seidenpapier darüber, und klebe es
   an den Seiten fest.
7. Spanne das Gummiband darum.
8. Stich mit einer Nadel vorsichtig in die Punkte.
   Wenn du nicht vorsichtig bist, kann das Papier einreißen.

Nun kannst du deine Dose ins Licht halten und dein Sternbild
wie durch ein Fernrohr betrachten.

Die Weltraum Werkstatt
© Verlag an der Ruhr, Postfach 10 22 51, 45422 Mülheim an der Ruhr

Sternenhimmel 5:

Mondkalender

	1. Tag	2. Tag	3. Tag	4. Tag	5. Tag	6. Tag	7. Tag
Datum							
Aufgang							
Untergang							
Mondform							

	8. Tag	9. Tag	10. Tag	11. Tag	12. Tag	13. Tag	14. Tag
Datum							
Aufgang							
Untergang							
Mondform							

	15. Tag	16. Tag	17. Tag	18. Tag	19. Tag	20. Tag	21. Tag
Datum							
Aufgang							
Untergang							
Mondform							

	22. Tag	23. Tag	24. Tag	25. Tag	26. Tag	27. Tag	28. Tag
Datum							
Aufgang							
Untergang							
Mondform							

Die Weltraum Werkstatt

Sternenhimmel 6:

Die Mondoberfläche

INFO

Genau so, wie die Erde um die Sonne kreist, kreist der Mond um die Erde. Je nachdem, wie er von der Sonne angestrahlt wird, sehen wir mal einen abnehmenden Mond, einen Vollmond, einen zunehmenden Mond oder einen Neumond, d.h. in dem Fall sieht man keinen Mond.

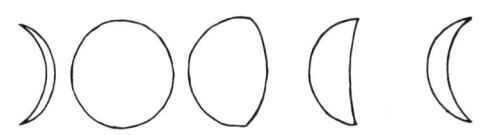

Im Weltraum gibt es jedoch nicht nur unseren Mond. Auch die meisten anderen Planeten unseres Sonnensystems haben Monde. Um den Jupiter kreisen z.B. 39 und um den Saturn 30 bisher bekannte Monde. (Es werden aber fortwährend neue entdeckt.)

Bestimmt ist dir beim Betrachten des Mondes schon aufgefallen, dass auf seiner Oberfläche dunkle Flecken zu sehen sind. Es sieht aus, als ob der Mond ein Gesicht hätte.
Diese dunklen Flecken nannte man früher „Meere", da sie für Mondmeere gehalten wurden. Sie sind entstanden, als große Gesteinsbrocken auf die Mondoberfläche gestürzt sind.

Neben den Flecken findest du auf dem Mondboden große Krater. Man gab den Kratern und Meeren Namen nach berühmten Sternenbeobachtern, wie Kepler und Kopernikus. Oder sie bekamen schöne, fantasievolle Namen, wie Meer der Heiterkeit oder Meer der Ruhe.

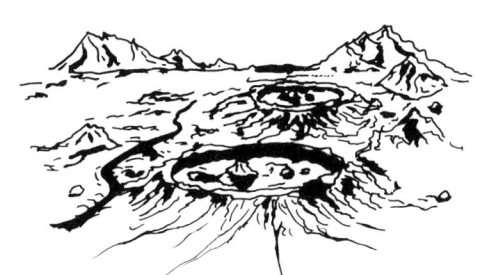

Namen von Meeren und Kratern auf dem Mond:

Meer der Stürme
Regenmeer
Meer der Wolken
Meer der Heiterkeit
Meer der Ruhe
Meer der Fruchtbarkeit
Honigmeer
Meer der Krisen
Krater Kepler
Krater Kopernikus
Krater Ptolemäus
Krater Tycho

Namen von Meeren und Kratern auf der Erde:

_____
_____
_____
_____
_____
_____
_____
_____
_____
_____
_____

Sternenhimmel 7:

Mondsprünge

INFO Wenn du einen großen Schritt auf der Erde machst, kommst du ungefähr einen Meter weit. Auf dem Mond kommst du mit einem Schritt 6 Meter weit. Das liegt an der Schwerkraft: Die Schwerkraft ist auf der Erde 6-mal stärker als auf dem Mond. Sie bewirkt, dass du von der Erde oder dem Mond angezogen wirst und nicht über ihnen schwebst.
Ein Mensch, der auf der Erde 60 kg wiegt, wiegt auf dem Mond nur 10 kg.

1. Rechne aus, wie weit die Tiere auf dem Mond springen.

Tiere:	Erde:	Mond:	Tiere:	Erde:	Mond:
Rabe	1 m	6 m	Tiger	5 m	__ m
Frosch	2 m	__ m	Pferd	10 m	__ m
Katze	3 m	__ m	Känguru	15 m	__ m

2. Wie weit kommen die Tiere mit 20 Sprüngen?

Rabe:

Frosch:

Pferd:

Katze:

Tiger:

Känguru:

3. Wie viel Meter fehlen dann noch bis zu einem Kilometer?   1 km = 1000 m

Rabe: _____   Katze: _____

Frosch: _____   Tiger: _____

Pferd: _____   Känguru: _____

Weltraum 1:

Ein Tag

INFO

Ein Tag hat 24 Stunden

Alle Planeten drehen sich um sich selbst. Ein Tag ist vorbei, wenn sich die Planeten einmal um sich selbst gedreht haben. Die Erde braucht 24 Stunden dafür. Ein Erd-Tag ist deshalb 24 Stunden lang.
Der Jupiter dreht sich schneller um sich selbst als die Erde.
Ein Tag auf dem Jupiter ist nur 10 Erd-Stunden lang.
Der Planet Venus dreht sich sehr langsam. Dort dauert ein Tag 5 832 Erd-Stunden. Das sind 243 Erd-Tage! Ihr hättet dort viel Zeit zum Spielen.

Warum gibt es Tag und Nacht?

Ihr wisst jetzt, dass die Erde sich um sich selbst dreht. Dabei ist der Ort, an dem wir leben, mal der Sonne zugewandt und wird von ihr beschienen und mal ist er von ihr abgewandt, und es ist dunkel.
Wenn der Ort, an dem wir leben, der Sonne zugewandt ist, ist Tag. Es ist hell. Dreht sich nun die Erde weiter, sodass wir nicht mehr von der Sonne beschienen werden, ist es Nacht.
Tipp: Wenn man eine Erdkugel im Licht einer Taschenlampe dreht, sieht man, wie Tag und Nacht zu Stande kommen. Probiert es selbst aus!

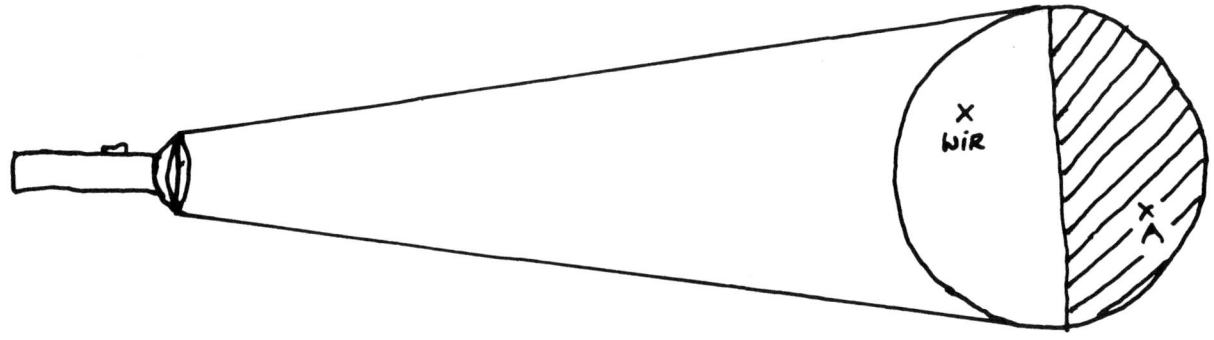

Der Ort, an dem wir leben (x wir), ist der Sonne zugewandt. Es ist Tag.
In Australien (x A), auf der anderen Seite der Erde, ist es jetzt Nacht.

Die Erde dreht sich weiter. Der Ort, an dem wir leben (x wir), wird nicht mehr von der Sonne beschienen.
Es ist Nacht.
In Australien (x A) aber stehen nun die Kinder auf und gehen zur Schule.

Weltraum 2:

Unser Sonnensystem

Die Sonne in der Mitte
hat eine große Bitte.
Dreht euch alle um mich rum,
denn das Durcheinander ist mir zu dumm.

Der **Merkur** ist der erste Planet,
weil er der Sonne am nächsten steht.   **orange**

Die gelbe **Venus** können wir am
Himmel sehn,
doch kann sie sich nicht wie alle
anderen drehn.   **gelb**

Die blaue **Erde** als Nummer drei
ist als einzigartiger Planet dabei.   **blau**

Der rote **Mars** ist die Nummer vier.
Finden wir wohl Marsmenschen hier?   **rot**

Der **Jupiter** ist ein wahrer Gigant,
das liegt ganz sicher auf der Hand.   **orange-braun**

Der **Saturn** mit seinen Ringen
kann den sechsten Platz gewinnen.   **gelb**

Der **Uranus** im Weltraum grünlich schimmert,
die Kälte dort uns etwas bekümmert.   **grün**

Die Acht wohl auf dem **Neptun** wohnt,
dort siehst du mehr als einen Mond.   **grün**

Die Weltraum Werkstatt

Weltraum 3:

Planeten-Merksatz

In welcher Reihenfolge die acht Planeten um die Sonne kreisen, kannst du mit Hilfe dieses Merksatzes leicht behalten.

Mein Vater erklärt mir jeden Sonntag unseren Nachthimmel.

Die Anfangsbuchstaben der Wörter sind jeweils die Anfangsbuchstaben der Planeten:

Sonne — Merkur — Venus — Erde — Mars — Jupiter — Saturn — Uranus — Neptun

Wie lautet dein Merksatz?

M_____ V_____ E_____ M_____

J_____ S_____ U_____

N_____ .

Wie sieht dein Bild davon aus?

Weltraum 4:

Pappmaschee-Himmelskörper

So geht es:

1. Decke den Tisch mit Zeitungspapier ab.

2. Blase einen Luftballon auf.

Tipp: Ist dein Planet groß oder klein? Brauchst du also einen großen oder einen kleinen Luftballon?

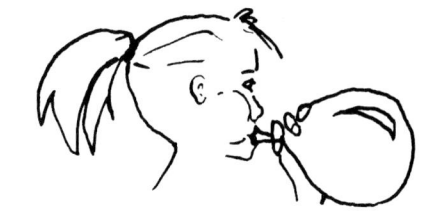

3. Reiße Zeitungspapier in Streifen.

4. Tauche die Streifen in das Schälchen mit Kleister.

5. Streiche den überflüssigen Kleister ab.

Tipp: Du kannst dafür die Streifen zwischen den Fingern hindurchziehen.

6. Klebe die Streifen auf den Ballon, bis er völlig bedeckt ist.

7. Gestalte die Oberfläche deines Planeten mit den Streifen:

- Krater
- Vulkane
- Täler
- glatte oder raue Oberfläche.

8. Lasse deinen Planeten trocknen. Sobald er trocken ist, kannst du ihn mit Farbe bemalen.

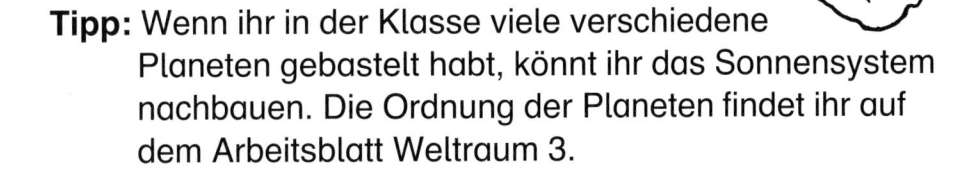

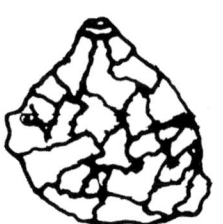

Tipp: Wenn ihr in der Klasse viele verschiedene Planeten gebastelt habt, könnt ihr das Sonnensystem nachbauen. Die Ordnung der Planeten findet ihr auf dem Arbeitsblatt Weltraum 3.

Die Weltraum Werkstatt

Weltraum 5:

Planetengrößen

INFO Die Planeten sind unterschiedlich groß.
In der Tabelle findest du den Durchmesser jedes Planeten.
Der Durchmesser ist die Strecke, die einmal quer
durch den Planeten geht.

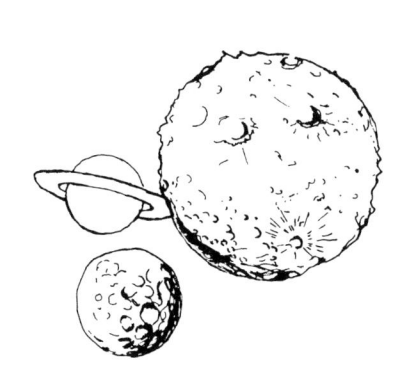

Planet	Durchmesser ca.
Merkur	4 900 km
Venus	12 100 km
Erde	12 800 km
Mars	6 800 km
Jupiter	142 800 km
Saturn	120 500 km
Uranus	51 200 km
Neptun	49 500 km

1. Sortiere die Planeten der Größe nach.
   Beginne mit dem größten.

   1. _____ : _____ km   5. _____ : _____ km
   2. _____ : _____ km   6. _____ : _____ km
   3. _____ : _____ km   7. _____ : _____ km
   4. _____ : _____ km   8. _____ : _____ km

2. Ein Flugzeug fliegt in einer Stunde ungefähr 800 km weit.
   a) Wie viele Stunden bräuchte man,
   um einmal quer durch den Merkur zu fliegen?
   b) Wie viele Stunden bräuchte man,
   um einmal quer durch die Erde zu fliegen?
   c) Wie viele Stunden bräuchte man,
   um einmal quer durch den Uranus zu fliegen?

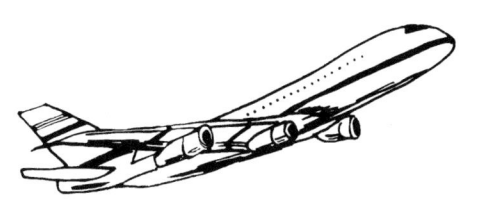

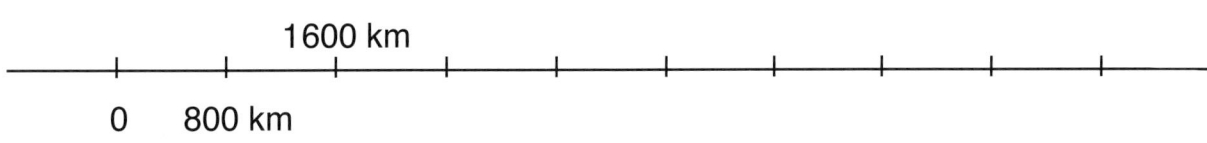

   1600 km

   0   800 km

3. a) Wie viele Kilometer ist der Durchmesser
   der Erde größer als der des kleinsten Planeten?
   b) Wie viele Kilometer ist der Durchmesser
   der Erde kleiner als der des viertgrößten Planeten?

Die Weltraum Werkstatt

Weltraum 6:

Früher und heute

INFO Früher haben die Menschen die Sterne nur mit den Augen beobachtet. Ferngläser, Teleskope, Raketen oder Satelliten gab es damals noch nicht. Sie sahen die leuchtenden Sterne am Himmel und haben sich den Weltraum ganz anders vorgestellt als wir heute.

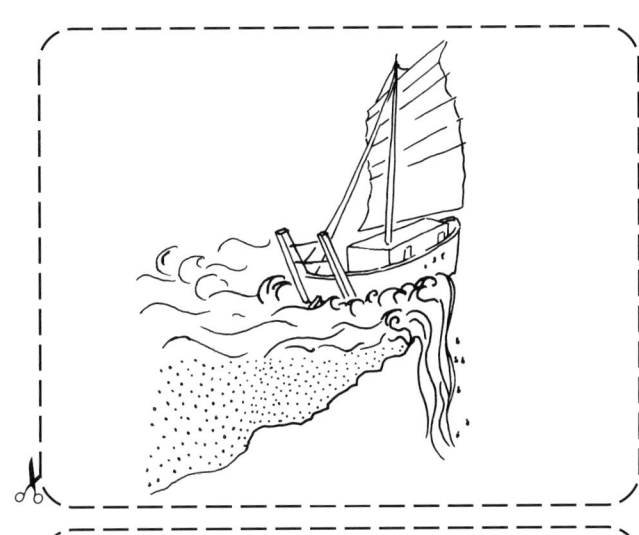

Die Inder glaubten, dass die Erde auf 4 Elefanten ruhe, die von einer riesigen Schildkröte getragen werden.

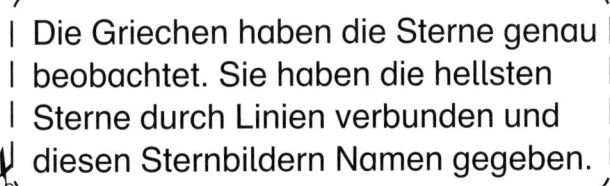

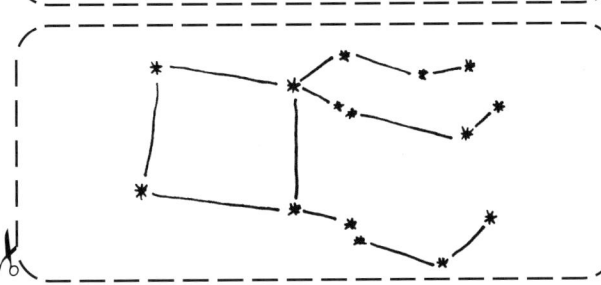

Die Griechen haben die Sterne genau beobachtet. Sie haben die hellsten Sterne durch Linien verbunden und diesen Sternbildern Namen gegeben.

Lange Zeit glaubten die Menschen, dass die Erde eine Scheibe oder Platte sei. Seefahrer hatten Angst, herunterzufallen, wenn sie zu weit aufs Meer hinaussegelten.
Die Sterne und die Sonne sollten am Himmel festgesteckt sein.

Mein Bild von der Erde:

_____

_____

_____

_____

_____

Die Weltraum Werkstatt

Planeten 1:

Merkur – Reihumgeschichte

INFO
Der Merkur ist der Sonne am nächsten. Tagsüber ist es auf dem Merkur sehr heiß. Es sind bis zu 400°(Grad) Celsius. Das ist 4-mal so heiß wie auf einer heißen Herdplatte. Nachts wird es sehr kalt. Es können fast –200° (Grad) Celsius werden.

Das kann ich gegen die Hitze tun: _____

_____

_____

_____

_____

Das kann ich gegen die Kälte tun: _____

_____

_____

_____

_____

Unsere Reise zum Merkur

Endlich war es so weit. Wir wurden auf eine Weltraumreise zu einem fernen Planeten mitgenommen. Mit der Raumfähre flogen wir Richtung Sonne bis zum Merkur. Dort landeten wir neben einem Krater und stiegen aus. Sofort spürten wir die Hitze. Uns wurde so heiß, dass wir ... _____

_____

_____

_____

_____

Die Weltraum Werkstatt

Planeten 2:

Venus – Verkehrte Welt

INFO Die Venus dreht sich nicht wie die anderen Planeten rechtsherum, sondern in die entgegengesetzte Richtung.
Daher schreibt man auf der Venus auch nicht wie auf der Erde von links nach rechts, sondern spiegelverkehrt.

So schreibt man auf der Venus:

ASTRONAUT
STERNENHIMMEL
WELTRAUM
FLIEGEN
RAUMSCHIFF

DER ASTRONAUT FLIEGT
IN SEINEM RAUMSCHIFF
DURCH DEN WELTRAUM.

SONNE
PLANET
RAUMSCHIFF
FLIEGEN
RIESIG

ER BESUCHT DEN GELBEN
PLANETEN VENUS MIT SEINEN
RIESIGEN KRATERN.

So schreibt man auf der Erde:

_____
_____
_____
_____
_____

_____
_____
_____

_____
_____
_____
_____
_____

_____
_____
_____

Die Weltraum Werkstatt

Planeten 3:

Mars-Landschaft

Der Mars scheint am Nachthimmel rötlich. Er wird daher auch „Roter Planet" genannt. Seine rote Färbung kommt von seiner eisenhaltigen Oberfläche. Vielleicht ist dir bei einem rostigen Eisennagel auch schon einmal die rötliche Färbung aufgefallen. Von allen Planeten ist der Mars der Erde am ähnlichsten. Lebewesen hat man dort bisher aber nicht gefunden. Die Landschaft ist sehr rau und ausgetrocknet. Es gibt viele Gebirge und Schluchten.

Bildrechte NASA

Auf der Marsoberfläche befindet sich ein riesiger Vulkan. Er wird „Olympus Mons" genannt. Mit seiner Höhe von fast 27 km ist er 3-mal so hoch wie der Mount Everest auf der Erde.
Er ist der größte Vulkan im ganzen Sonnensystem.

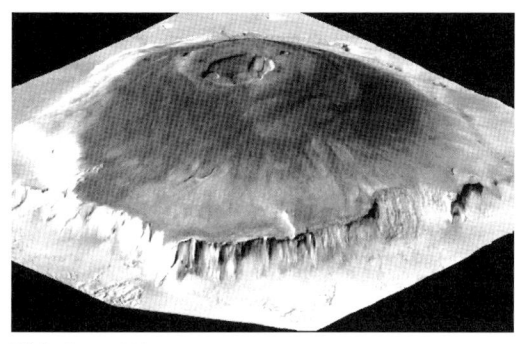

Bildrechte NASA

Die Forscher vermuten, dass es früher einmal auf dem Mars viele Flüsse und reißende Ströme gegeben haben muss. Mit Hilfe von Teleskopen wurden viele Bilder von der Marsoberfläche gemacht. Darauf sind riesige ausgetrocknete Flusstäler zu erkennen.
Viele Verzweigungen gehen von den großen Flussläufen ab.

Bildrechte NASA

Einzigartig ist auch der Riesencanyon mit Namen „Valles Marineris". Diese Schlucht ist über 4000 km lang und bis zu 6 km tief. Auf Marsaufnahmen sieht sie aus wie eine große Narbe.

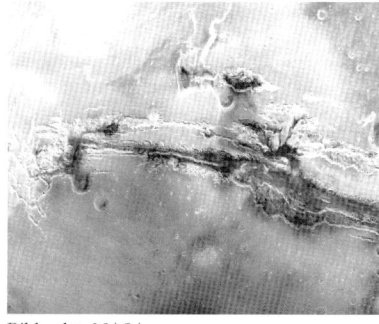

Bildrechte NASA

Wie auf vielen anderen Himmelskörpern in unserem Sonnensystem, sind auf dem Planeten Mars zahlreiche Meteoriten eingeschlagen.
Das sind Gesteinsbrocken, die auf der Planetenoberfläche große Einschlagkrater hinterlassen.

Planeten 4:

Jupiter – Ferien auf dem Jupiter

INFO Jupiti – der freundliche, kleine Bewohner des Planeten Jupiter – lädt dich auf seinen Planeten ein.
Deine Koffer sind schon gepackt.
Weil es auf dem Jupiter bis zu –150 Grad kalt werden kann, nimmst du viele warme Wintersachen mit.

1. a) Wie viele Kleidungsstücke sind im Koffer?
   b) Um vor der Kälte geschützt zu sein, hättest du 3-mal so viele Kleidungsstücke mitnehmen müssen. Wie viele sind das?

2. a) Der gepackte Koffer wiegt **25 kg**. Wie viel **g** sind das?
   b) Die Kleidungsstücke wiegen **19 kg**. Wie schwer ist der Koffer selbst?
   c) Du darfst nur **23 500 g** Gepäck mit ins Raumschiff nehmen.
   Wie viel **g** hast du zu viel eingepackt?
   Was lässt du hier?

3. a) Jupiti ist 8 Jupiter-Jahre alt. Auf dem Jupiter hast du nur alle 12 Jahre Geburtstag.
   b) Vor wie vielen Erd-Jahren wurde Jupiti geboren?
   c) Wie alt ist er in 36 Jahren?

Planeten 5:

Saturn-Wirbelsturm

INFO

Der zweitgrößte Planet unseres Sonnensystems ist der Saturn. Den Saturn kannst du von den anderen Planeten durch seine Ringe leicht unterscheiden. Auf dem Saturn gibt es viele Wirbelstürme.
Sie können mit einer Geschwindigkeit von bis zu 1800 km in der Stunde über den Planeten fegen.

Wahrscheinlich habt ihr schon mal Bilder von Verwüstungen gesehen, die ein Wirbelsturm auf der Erde anrichtet. Solche Wirbelstürme haben Geschwindigkeiten von „nur" etwa 200 Kilometern in der Stunde.
Nun könnt ihr euch vorstellen, was ein Sturm anrichtet, der 10-mal so stark ist.

So geht es:

Bauanleitung:
1. Füllt eine Plastikflasche drei viertel voll mit Wasser.
2. Schraubt die zusammengeklebten Deckel darauf.
3. Schraubt nun die zweite Plastikflasche auf den oberen Deckel. Bohrt mit einem Nagel ein paar Löcher in den Boden der Flasche.
FERTIG!

Versuch:

Dreht die Flaschen um, sodass die Flasche mit dem Wasser oben ist.
Schüttelt die Flasche im Kreis und stellt sie dann fest auf den Tisch.
Beobachtet, was in der oberen Flasche passiert.
Beobachtet, was in der unteren Flasche passiert.

Unsere Beobachtungen:

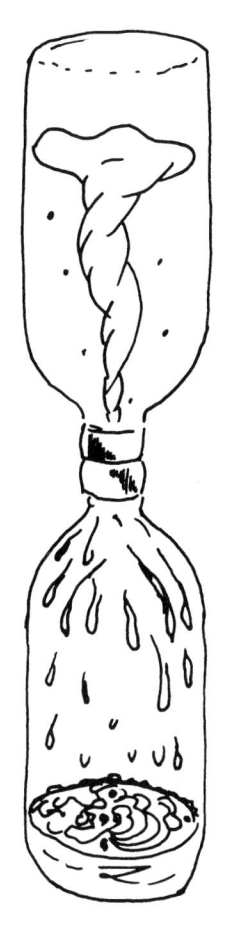

_____

_____

_____

_____

_____

Die Weltraum Werkstatt

Planeten 6:

Uranus-Klänge

Eine Entdeckungsreise

Wir fliegen mit der Raumfähre zum siebten Planeten unseres Sonnensystems.

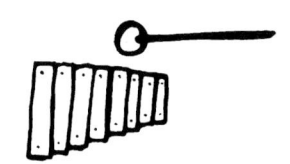

Es ist ganz still im Weltraum.

Schon von Weitem können wir den Uranus blau-grünlich leuchten sehen.

Er ist umringt von ein paar dünnen, gespenstischen, schwarzen Ringen.

Langsam kreist der Planet um die Sonne.

Wir wollen zur Landung ansetzen, doch halt – was ist das?
Wir können keine feste Oberfläche erkennen,
auf der wir landen könnten.

Wir schweben durch riesige Gaswolken.
Außer dichtem Nebel ist nichts zu sehen.

Achtung! Einer der 5 großen Uranusmonde
kommt uns direkt entgegen und saust knapp an uns vorbei.

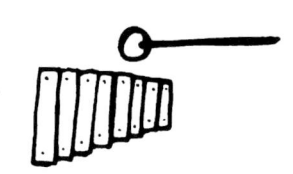

Unsere Herzen klopfen laut.
Das haben wir gerade noch einmal geschafft.

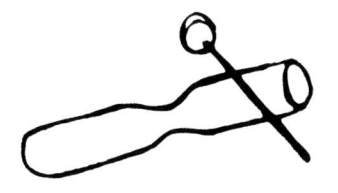

Die Weltraum Werkstatt

Planeten 7:

Neptun – Tageslängen von Planeten

INFO Hat sich ein Planet einmal um sich selbst gedreht, ist ein Tag vorbei. Da sich die Planeten unterschiedlich schnell um sich selbst drehen, sind auch die Tage auf den Planeten unterschiedlich lang.

Wenn du die Tageslängen berechnest, musst du wissen:

```
60 Erd-Minuten = 1 Erd-Stunde          24 Erd-Stunden = 1 Erd-Tag
```

- Der Merkur dreht sich in 59 Erd-Tagen einmal um sich selbst.
- Die Venus braucht 184 Erd-Tage mehr, bis sie sich einmal um sich selbst gedreht hat.
- Ein Tag auf der Erde daWuert 24 Stunden.
- Der Mars dreht sich 30 Minuten länger um sich selbst als die Erde. Er kommt an sechster Stelle.
- Der Jupiter dreht sich am schnellsten. Er braucht 14 Stunden weniger als die Erde.
- Der Saturn dreht sich in 10 Stunden und 12 Minuten einmal um sich selbst.
- Der Uranus dreht sich 6 Stunden und 36 Minuten länger als der Saturn.
- Ein Tag auf dem Neptun ist 8 Stunden kürzer als auf der Erde.

Planet: Tageslänge in Stunden:

1. _____ _____
2. _____ _____
3. _____ _____
4. _____ _____
5. _____ _____
6. _____ _____
7. _____ _____
8. _____ _____

Die Weltraum Werkstatt

Planeten 8: **Pluto-Geschichte**

INFO 76 Jahre lang kannte man einen neunten Planeten in unserem Sonnensystem: Pluto. Heute zählen wir nur noch acht Planeten. Das liegt nicht etwa daran, dass Pluto explodiert wäre. Er ist immer noch da, doch im Jahr 2006 hat man ihn zu einem Zwergplaneten ernannt. Pluto ist sehr klein, sogar kleiner als unser Mond und teilt sich seine Umlaufbahn mit vielen anderen Himmelskörpern. Die meisten sind deutlich kleiner als er, aber es gibt sogar einen, der größer ist. Er heißt Eris und man hätte ihn genauso gut zum Planeten ernennen können. Aber stattdessen ist dies nun ebenfalls ein Zwergplanet. Insgesamt kennt man zurzeit drei Zwergplaneten, aber man weiß bereits, dass in der Zukunft noch weitere hinzukommen werden.

Stelle dir vor, du hättest einen weiteren Zwergplaneten entdeckt. Die Zeitung bittet dich um einen Artikel. Besonders interessiert sie,

- wie du den Zwergplaneten entdeckt hast,
- wie er aussieht und vor allem natürlich,
- welchen Namen du ihm gegeben hast und warum.

Die **Weltraum Werkstatt**

Astronauten 1:

Raketenantrieb

INFO Bei diesem Versuch erfahrt ihr, wie der Raketenantrieb funktioniert.
Der Luftballon ist die Rakete, und die Öffnung des Luftballons sind die Triebwerke.

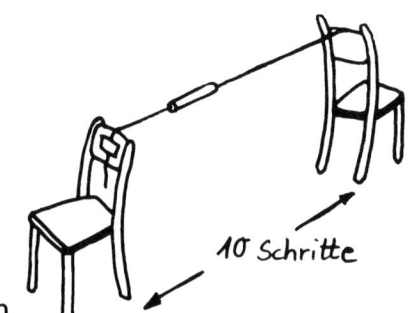

10 Schritte

So geht es:
1. Zieht einen dünnen Faden durch den Strohhalm.
2. Bindet die Enden des Fadens an zwei Stuhllehnen fest. Der Faden muss gespannt sein.
3. Pustet einen Luftballon auf. Haltet die Öffnung geschlossen.
4. Einer hält den Luftballon mit zugehaltener Öffnung an den Strohhalm, der andere klebt ihn mit Tesafilm daran fest.
5. Lasst den Luftballon los.

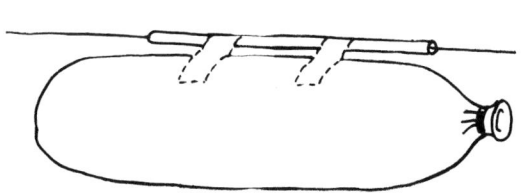

Das haben wir beobachtet: _____

Das ist mit der Luft passiert: _____

_____

1. Pustet den Luftballon mal sehr wenig und mal sehr viel auf.

Was passiert? _____

Wie weit kommt der Ballon jeweils?

wenig aufgepustet: _____ cm   viel aufgepustet: _____ cm

1. Zeichne ein, wohin die Luft strömt.
2. Zeichne ein, wohin der Luftballon sich bewegt.
3. Kannst du erklären, warum der Luftballon sich bewegt?

Die Weltraum Werkstatt

Astronauten 1:

Raketenantrieb
Infoblatt

INFO

Luftballonantrieb:

Die Luft strömt durch die dünne Öffnung des Luftballons hinaus. Mit dieser Bewegung der Luft ist eine gleich starke Gegenbewegung verbunden. Der Luftballon wird in die entgegengesetzte Richtung gedrückt.

Du kennst das vielleicht vom Schwimmen. Wenn du mit deinen Beinen Schwimmbewegungen machst, schwimmst du nach vorne, obwohl du die Beine nach hinten stößt.

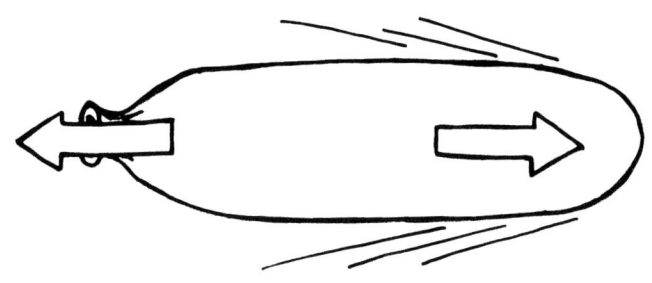

Bewegung der Luft   **Gegenbewegung des Luftballons**

Ist mehr Luft im Luftballon, dauert es länger, bis sie ausgeströmt ist. Der Luftballon bewegt sich deshalb auch länger und fliegt daher weiter.

INFO

Raketenantrieb:

Ebenso wie der Luftballonantrieb funktioniert auch der Raketenantrieb. In der Rakete wird der Treibstoff verbrannt. Die Abgase suchen sich eine Öffnung, aus der sie ausströmen können. Sie werden durch die Düse am Ende der Rakete ausgestoßen. Mit dieser Bewegung der Abgase ist eine gleich starke Gegenbewegung der Rakete verbunden. Sie fliegt in die entgegengesetzte Richtung nach vorne.

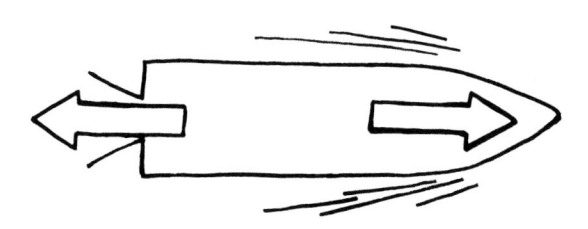

Bewegung der Abgase   **Gegenbewegung der Rakete**

Um die Anziehungskraft der Erde zu überwinden, verbraucht die Rakete sehr viel Treibstoff. Je stärker die Abgase nach hinten strömen, umso stärker wird die Rakete nach vorne getrieben.

Die Weltraum Werkstatt

Astronauten 2: **Raumfähren-Start**

1.   2.    3.    4.

_____
_____
_____
_____

- Countdown
- Startraketen
- zünden
- Start

_____
_____
_____
_____

- beide Treibstoffraketen brennen aus
- werden abgestoßen
- Fallschirme
- Meer

_____
_____
_____

- Außentank leer
- wird abgesprengt
- verglüht

_____
_____
_____

- Raumfähre fliegt
- Umlaufbahn
- um die Erde

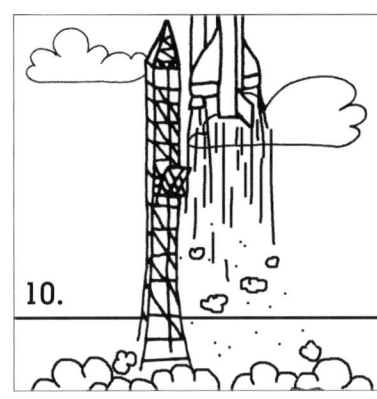

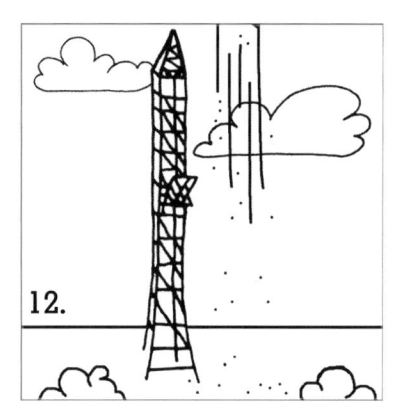

Astronauten 3: **Daumenkino**

Astronauten 4: **Astronauten-Raumanzüge**

Malblatt

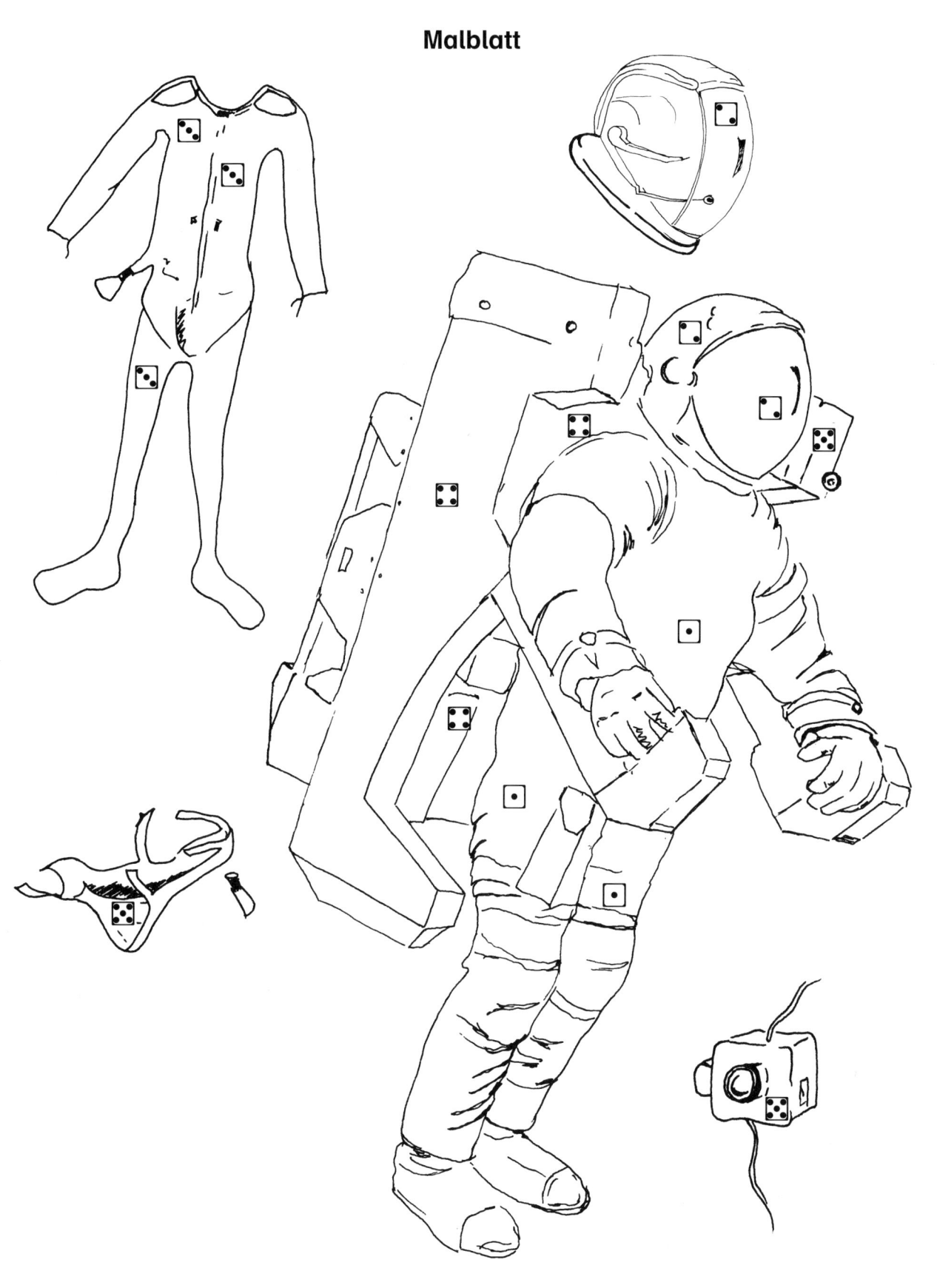

Die Weltraum Werkstatt

Astronauten 4:

Astronauten-Raumanzüge
Leseblatt

Raumanzug ⚀
- ⚀ Der Raumanzug schützt den Astronauten vor den Gefahren des Weltalls.
- ⚀ Der Raumanzug versorgt den Astronauten mit genügend Sauerstoff zum Atmen und dem Luftdruck, den er braucht.
- ⚀ Außerdem schützt der Raumanzug ihn vor den heißen Strahlen der Sonne. Ohne ihn würde er verbrennen.

Helm mit Sichtfenster ⚁
- ⚁ Den Helm trägt der Astronaut, um mit Sauerstoff zum Atmen versorgt zu sein.
- ⚁ Außerdem schützt er die Augen vor den hellen, gefährlichen Strahlen der Sonne.
- ⚁ Im Helm befinden sich ein Mikrofon und ein Kopfhörer.

Unterkleidung ⚂
- ⚂ Die Unterkleidung sorgt für die richtige Temperatur. In die Unterkleidung sind Schläuche eingearbeitet, durch die warmes und kaltes Wasser fließt.
- ⚂ Wird der Astronaut von der Sonne bestrahlt, fließt kaltes Wasser durch die Unterkleidung, um seinen Körper zu kühlen.
- ⚂ Schwebt der Astronaut im Schatten, so wärmt ihn warmes Wasser, das durch die Unterkleidung fließt.

Raketenrucksack ⚃
- ⚃ Auf dem Rücken trägt der Astronaut ein Mittelding zwischen Rucksack und Raketenstuhl.
- ⚃ In dem Rucksack befinden sich Sauerstoff zum Atmen und Trinkwasser. Außerdem dient er dem Astronauten zur Fortbewegung im schwerelosen Raum.
- ⚃ Auf der Erde wiegt der Rucksack ungefähr 155 kg. Durch die Schwerelosigkeit im All wiegt er nichts.

Urinsammelbehälter/Kamera ⚄
- ⚄ Da der Astronaut manchmal mehrere Stunden im Weltraum bleibt, ist der Urinsammelbehälter sehr wichtig.
- ⚄ Eine Kamera filmt den Weltraumspaziergang des Astronauten.
- ⚄ Die Kamera nimmt auch auf, was der Astronaut, zum Beispiel an einem Satelliten, repariert.

Astronauten 5:

Astronauten-Interview

Interviewer:
Wie ist es, schwerelos zu sein?
Astronaut:
Eigentlich ganz toll. Man fühlt sich dabei ein wenig wie ein Luftballon. Es gibt kein Oben und Unten mehr. Anfangs ist es aber ganz schön schwierig, durch die Raumfähre zu schweben, ohne sich überall zu stoßen.

Interviewer:
Ist es nicht sehr eng in einer Raumfähre?
Astronaut:
In einer Raumfähre ist es gar nicht so eng. Wir schweben ja nicht nur auf dem Boden entlang, sondern können uns auch an der Decke und den Wänden entlang bewegen.

Interviewer:
Treiben sie auch Sport?
Astronaut:
Ja, das ist sehr wichtig.
In der Schwerelosigkeit gibt es kein Treppensteigen, Laufen oder Fahrradfahren, was für meinen Körper anstrengend wäre. Ich bewege mich sehr leicht und brauche dafür keine Kraft. Wenn ich nicht täglich trainieren würde, würden meine Muskeln schlaff und schwach werden.

Interviewer:
Wie funktionieren die Toiletten?
Astronaut:
Auf der Toilette muss man sich anschnallen, um nicht davonzuschweben. Statt abzuspülen wird alles abgesaugt.

Interviewer:
Schlafen sie in Betten?
Astronaut:
Nein, in der Raumfähre schläft man „im Stehen". Ich schnalle mich sogar fest, damit ich nachts nicht durch die Raumfähre schwebe.

Interviewer:
Was essen sie?
Astronaut:
Im Weltraum gibt es Mahlzeiten wie auf der Erde auch. Meist wurde den Speisen vorher das Wasser entzogen. Sie werden vor dem Essen aufgewärmt und auf einen besonderen Teller gelegt, damit sie beim Essen nicht davonschweben.
Die Getränke nehmen wir durch Strohhalme zu uns.
In der Schwerelosigkeit würden sie sonst als Tropfen durch den Raum schweben.

Interviewer:
Wie sieht ihre tägliche Arbeit aus?
Astronaut:
Das kommt ganz darauf an, welchen Beruf der Astronaut hat. Wir haben Mechaniker, Ärzte und andere Berufe. Es gibt übrigens auch Astronautinnen.

Interviewer:
Gibt es etwas, was sie besonders erstaunt hat?
Astronaut:
Ja. Im Weltraum bin ich 5 cm größer! Da es dort keine Anziehungskraft gibt, streckt sich die Wirbelsäule etwas. Dadurch werde ich größer.

Astronauten 6:

Astronauten-Prüfung

1. Die Sonne ist der wichtigste Himmelskörper unseres Sonnensystems. Sie ist ...
   - T...ein Stern.
   - B...ein Planet.
   - H...ein Komet.

2. Planeten sind keine Sterne. Sie leuchten nicht von sich aus, sondern werden von der Sonne angestrahlt. Planeten sind ...
   - E...kleiner als die Sonne.
   - L...größer als die Sonne.
   - S...Himmelskörper.

3. Sternbilder sind Sterne, die nahe beieinander stehen und am Himmel Muster bilden. Es gibt das Sternbild ...
   - T...Orion — der Jäger.
   - P...Luna — der Mondhund.
   - B...Ursa Minor — der kleine Bär.

4. Die dunklen Flecken auf der Mondoberfläche nennt man ...
   - J...Schluchten.
   - E...Meere.
   - W...Flecken.

5. Auf dem Mond ist die Schwerkraft geringer als auf der Erde. Du wirst weniger nach unten gezogen und kannst daher ___ Mal so weit springen.
   - F fünf
   - S sechs
   - J sieben

6. Es gibt acht Planeten in unserem Sonnensystem. Die Nachbarplaneten der Erde heißen ...
   - M...Merkur.
   - T...Venus.
   - A...Mars.

7. Der Raketenantrieb funktioniert genauso, als ob du einen Luftballon durch die Luft fliegen lässt. Welche Antworten sind richtig?
   - N Die Luft in dem Ballon strömt aus der Öffnung.
   - D Der Luftballon fliegt in die entgegengesetzte Richtung.
   - X Der Luftballon fliegt in die gleiche Richtung.

8. Der Raumanzug schützt den Astronauten ...
   - K...vor dem Regen.
   - E...vor den heißen Sonnenstrahlen.
   - N...vor den Gefahren des Weltalls.

Lösungswort:

_ _ _ _ _ _ _ _

Die Weltraum Werkstatt

Astronauten 7:

Landung auf dem Mond

Das ist Neil Armstrong. Er betrat am 20. Juli 1969 als erster Mensch den Mond. Gemeinsam mit Edwin Aldrin und M. Collins landete er mit der Raumfähre Apollo 11 auf dem Mond. Dort sammelten sie Gesteinsproben und nahmen Messungen vor.

Nach 2 Stunden endete die erste Mondmission.
Die Astronauten hinterließen die amerikanische Flagge und ein Schild mit der Inschrift „Wir kamen in Frieden, stellvertretend für die ganze Menschheit".

Bildrechte NASA

Die Weltraum Werkstatt

Sonnenfinsternis 1:

Lied zur Sonnenfinsternis

Wenn der kleine Mond vor der Sonne steht

(nach der Melodie von „Wenn der Elefant in die Disko geht")

1. Wenn der kleine Mond vor der Sonne steht,
wisst ihr, was ihr dann auf der Erde seht?
Wenn ganz langsam er sich schiebt
vor die Sonne vor,
dann wird es dunkel, und wir singen im Chor:
„Eins, zwei, drei und vier, aus Tag wird Nacht,
es wird dunkel hier.
Fünf, sechs, sieben, acht,
doch die Sonne hat nur gelacht."

2. Wenn der kleine Mond vor der Sonne steht
und ihr seinen Schatten auf der Erde seht,
ja, dann wird es dort dunkel,
und die Sonne ist fort,
aber sicher nur für kurze Zeit an diesem Ort.
„Eins, zwei, drei und vier, aus Tag wird Nacht,
es wird dunkel hier.
Fünf, sechs, sieben, acht,
doch die Sonne hat nur gelacht."

3. Wenn der kleine Mond vor der Sonne steht,
und er sich langsam von dort weiterbewegt,
ja, dann scheint die Sonne wieder, und sie kommt hervor,
dann wird es heller, und wir singen im Chor:
„Eins, zwei, drei und vier, aus Tag wird Nacht,
es wird dunkel hier.
Fünf, sechs, sieben, acht,
doch die Sonne hat nur gelacht."

Sonnenfinsternis 2:

Finstere Zeiten

An einem **Tag** dreht sich die Erde einmal um sich selbst. Daher scheint es, als ob die Sonne aufgeht, über den Horizont wandert und wieder untergeht. Auf diese Weise entstehen Tag und Nacht.

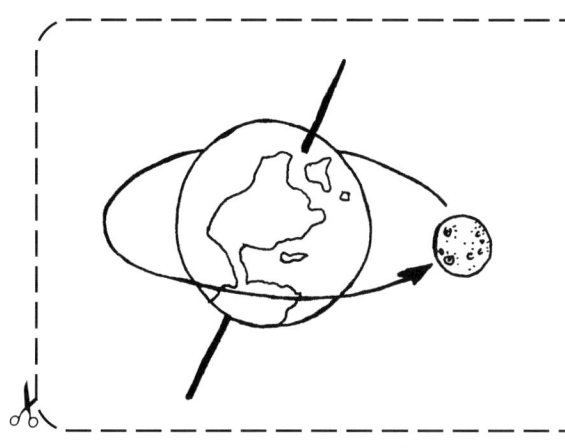

Der Mond kreist in einem **Monat** einmal um die Erde.
Wir sehen ihn daher mal als Vollmond, mal als Neumond (also nicht), mal als abnehmenden und mal als zunehmenden Mond.

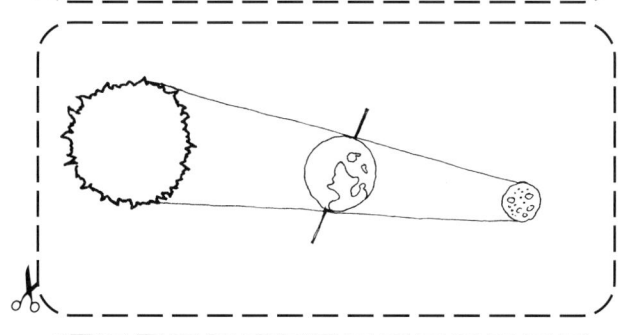

Es gibt auch die **Mondfinsternis**. Dann steht die Erde genau zwischen Mond und Sonne, sodass der Mond nicht von der Sonne angestrahlt werden kann. Dann ist der Mond nicht zu sehen.

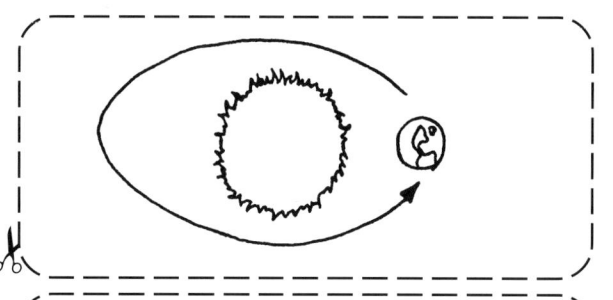

Die Erde kreist in einem **Jahr,** oder genauer in 365 Tagen, einmal um die Sonne. In dieser Zeit wechseln sich die Jahreszeiten Frühling, Sommer, Herbst und Winter ab.

Manchmal steht der Mond genau zwischen der Sonne und der Erde. Das nennt man **Sonnenfinsternis**. Dann verdeckt er einen Teil oder sogar die ganze Sonne.
Der Mondschatten bedeckt aber nur einen kleinen Teil der Erdoberfläche. Dort ist die Sonne für eine Zeit lang nicht zu sehen. Erst, wenn sich der Mond weiterbewegt, wird die Sonne wieder sichtbar.

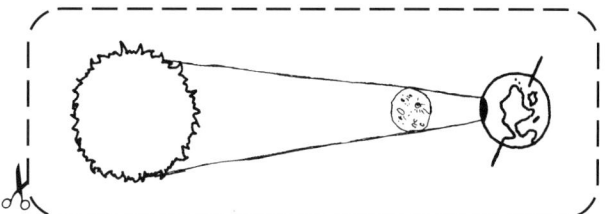

Die Weltraum Werkstatt

Sonnenfinsternis 3:

Wortfeld „Sonne"

Sonne

warm   Ferien

hell   Sommer

draußen spielen

Schein/schein: be-en, -bar, -en, Geld-, -heilig, Sonnen-, er-en, -welt, -werfer, Er-ung

Hell/hell: -häutig, -sehen, -er, -blau, -auf, -er, -wach, -hörig, -licht, -igkeit

Sonnen: Untergang, Schutz, Bad, Hut, Krem, Brand, Strahl, Brille, Aufgang, Finsternis

Sonnenfinsternis 4:

Kreuzworträtsel

Trage die folgenden Wörter richtig in das Rätsel ein:

dunkel - hell - Leben - Merkur - nie - Norden - Orion - Osten - Planeten - scheint - Sonne - Sonnenflecken - Stern - Süden (ü = ue) - Temperatur - Westen

1. Die Sonne ... seit etwa 5 Mrd. Jahren.
2. Im ... sehen wir die Sonne am Morgen.
3. Im ... sehen wir sie am Mittag.
4. Im ... können wir sie am Abend sehen.
5. Im ... sehen wir sie nie.
6. Acht ... kreisen um die Sonne.
7. Die dunklen Flecken auf der Sonnenoberfläche heißen ... .
8. Das Sternbild Jäger heißt auch ... .
9. In der Nacht ist es ... .
10. Die Sonne ist kein Planet, sondern ein ... .
11. Die ... im Inneren der Sonne beträgt 15 Mio. °C.
12. Am Tag ist es ... .
13. Der ... ist der Sonne am nächsten.
14. Ohne die Sonne gäbe es kein ... .
15. Nachts sehen wir die Sonne ... .
16. Alle Planeten drehen sich um die ... .

Lösungswort _____

Nördlicher

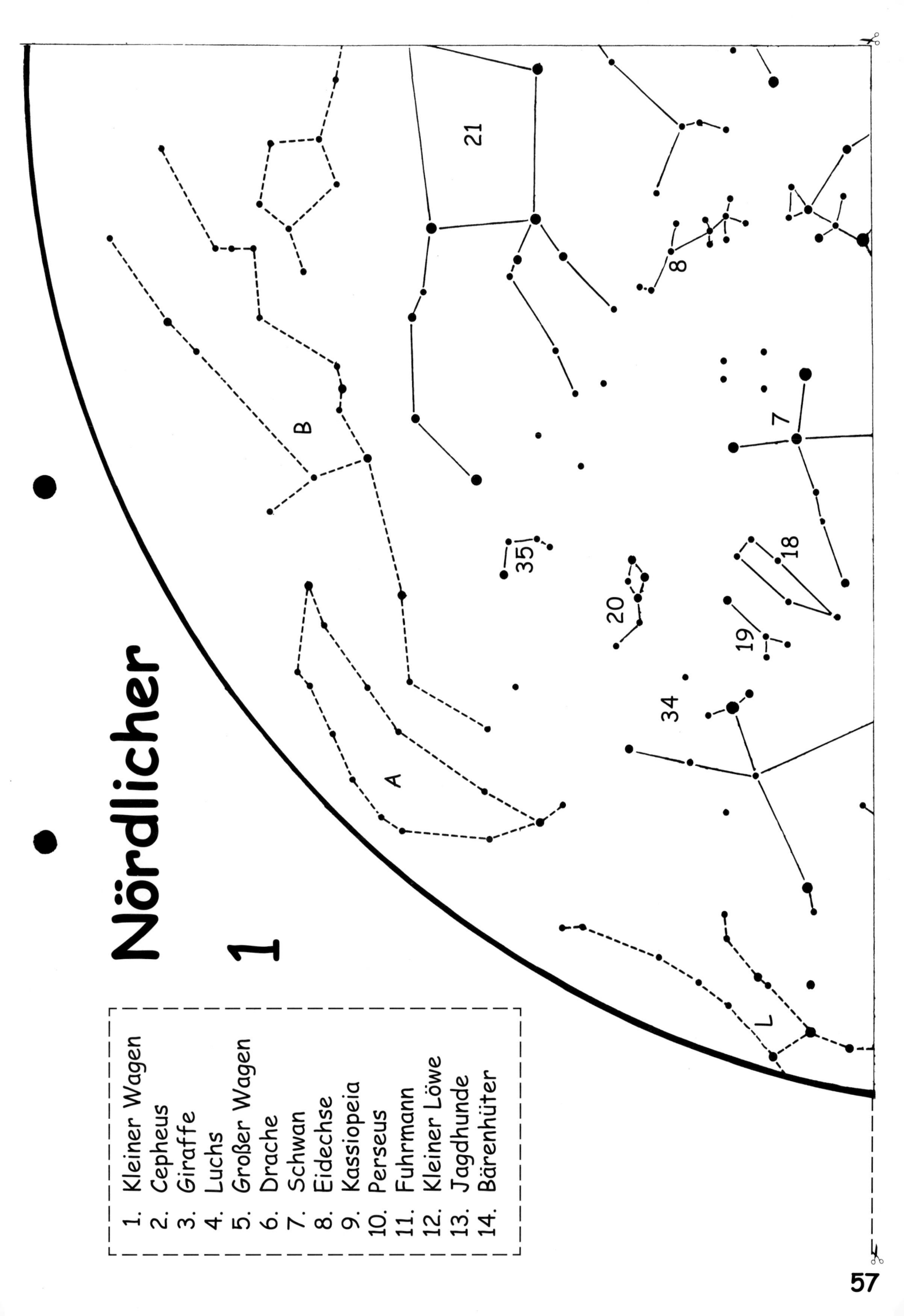

1

1. Kleiner Wagen
2. Cepheus
3. Giraffe
4. Luchs
5. Großer Wagen
6. Drache
7. Schwan
8. Eidechse
9. Kassiopeia
10. Perseus
11. Fuhrmann
12. Kleiner Löwe
13. Jagdhunde
14. Bärenhüter

Sternenhimmel 2

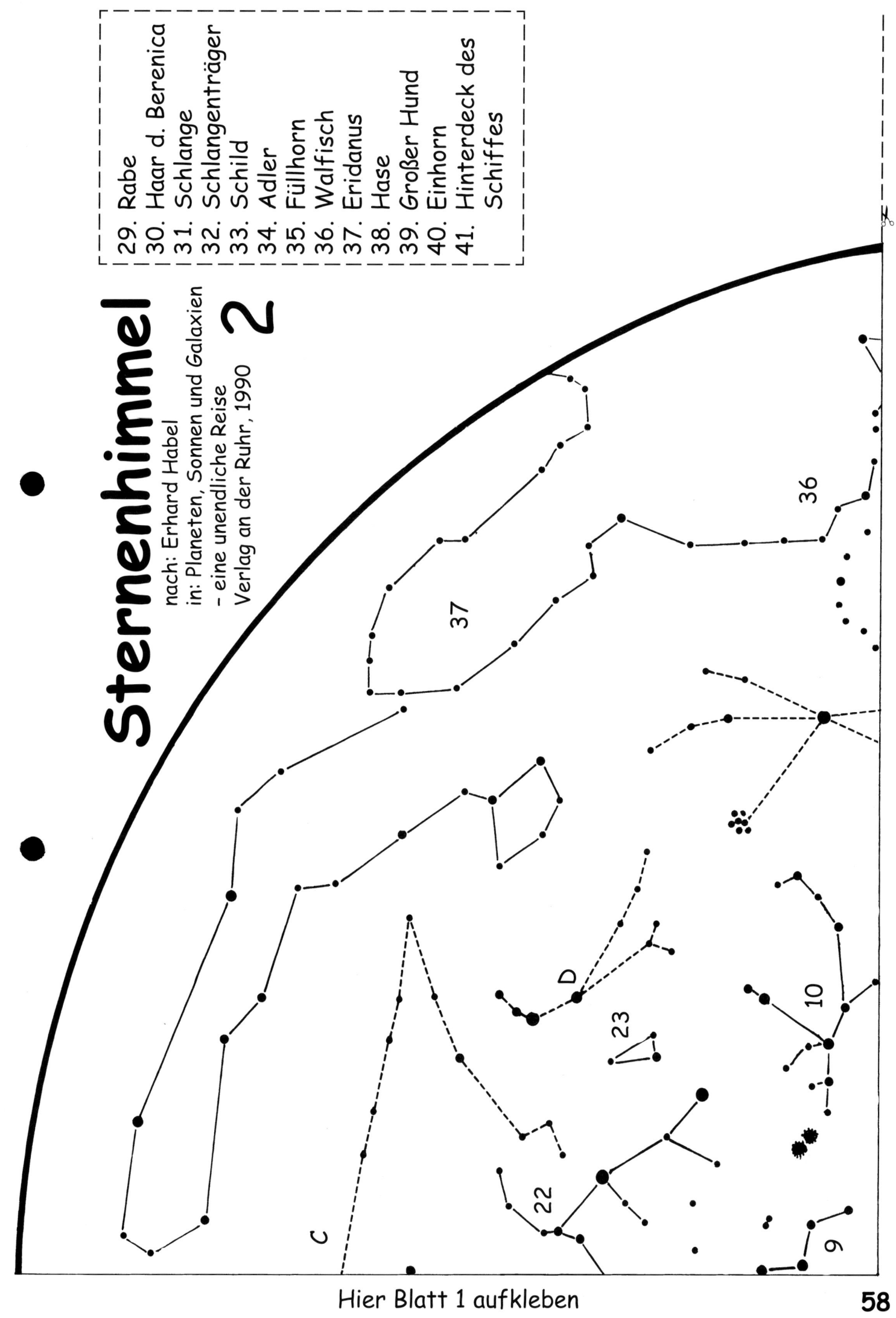

nach: Erhard Habel
in: Planeten, Sonnen und Galaxien
- eine unendliche Reise
Verlag an der Ruhr, 1990

29. Rabe
30. Haar d. Berenica
31. Schlange
32. Schlangenträger
33. Schild
34. Adler
35. Füllhorn
36. Walfisch
37. Eridanus
38. Hase
39. Großer Hund
40. Einhorn
41. Hinterdeck des Schiffes

Hier Blatt 1 aufkleben

58

Hier Blatt 1 aufkleben

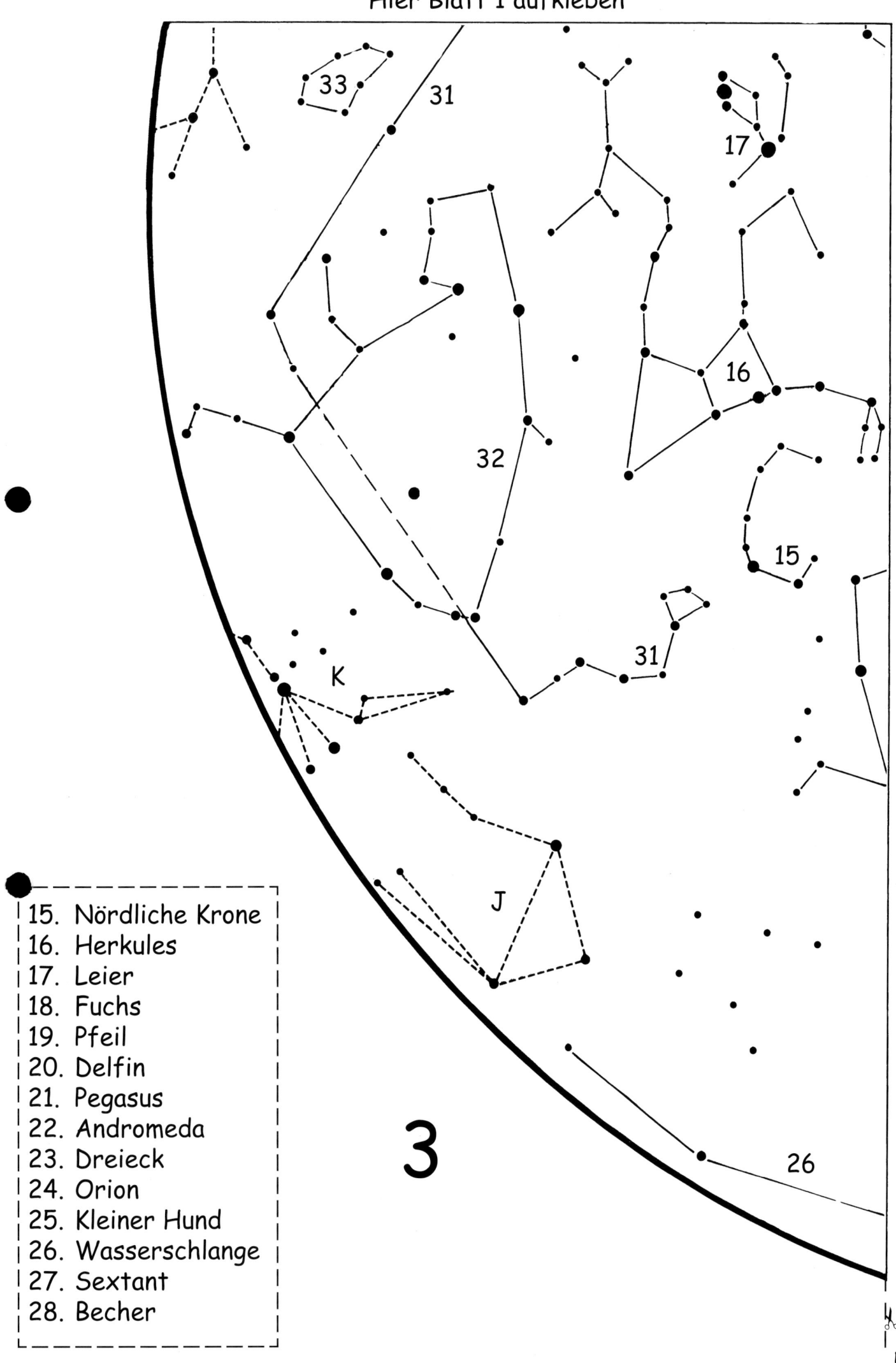

15. Nördliche Krone
16. Herkules
17. Leier
18. Fuchs
19. Pfeil
20. Delfin
21. Pegasus
22. Andromeda
23. Dreieck
24. Orion
25. Kleiner Hund
26. Wasserschlange
27. Sextant
28. Becher

3

59

Hier Blatt 1 und 2 aufkleben

Hier Blatt 2 aufkleben

Hier Blatt 4 aufkleben

5

Tierkreiszeichen

- A Steinbock
- B Wassermann
- C Fische
- D Widder
- E Stier
- F Zwillinge
- G Krebs
- H Löwe
- I Jungfrau
- J Waage
- K Skorpion
- L Schütze

61

Literatur- und Internettipps

✯ Bücher

Coombs, Rachel; Harris, Nicholas:
Geheimnisse der Welt: **Weltraum.**
Ab 6 Jahre. Coppenrath, 2007.
ISBN 978-3-8157-7822-7

Dambeck, Susanne;
Dambeck, Thorsten:
GEOlino.
Menschen – Welten – Abenteuer:
Raumfahrt – Aufbruch ins All.
Ab 9 Jahre. Franckh-Kosmos, 2007.
ISBN 978-3-440-10802-4

Dyer, Alan:
Insider Wissen: Weltall.
Ab 9 Jahre. Oetinger, 2007.
ISBN 978-3-7891-8402-4

Janßen, Ulrich; Werner, Klaus:
Hat der Weltraum eine Tür?
Die Kinder-Uni erklärt die
Geheimnisse des Universums.
Ab 9 Jahre. DVA, 2007.
ISBN 978-3-421-05930-7

Kerrod, Robin; Sparrow, Giles:
Erforschen und Verstehen: **Weltall.**
Mit über 60 Experimenten und Projekten.
Ab 10 Jahre. Dorling Kindersley, 2007.
ISBN 978-3-8310-1011-0

Köthe, Rainer:
Tessloffs superschlaues Antwortbuch:
Erde und Weltall.
Ab 8 Jahre. Tesslfoff, 2007.
ISBN 978-3-7886-1720-2

Schwarz, Manfred:
Expedition Wissen: **Weltall.**
Ab 8 Jahre. Ravensburger Buchverlag, 2007.
ISBN 978-3-473-55159-0 I

Was ist was – Der große illustrierte Atlas:
Erde & Weltraum.
Ab 10 Jahre. Tessloff, 2006.
ISBN 978-3-7886-1396-9

✯ Internet

www.dlr.de
Die Internetseite der Deutschen Luft- und Raumfahrtbehörde bietet vielfältige Informationen, Bilder sowie auch Materialien für Schüler.

www.nasa.gov
Ebenso sieht es auf der Homepage der NASA aus. Allerdings ist das Angebot hier noch vielfältiger.

www.space.com
Neuigkeiten über den Weltraum finden Sie auch auf dieser (englischspr.) Homepage.

Pds.jpl.nasa.gov/planets
Informationen und Bilder zu mehreren Planeten (englischsprachige Seite).

www.kokogiak.com/default.asp
Wenn Sie auf dieser Homepage den Kasten mit der Überschrift „All Solar System Bodies Larger than 200 Miles" anklicken, bekommen Sie einen sehr anschaulichen Größenvergleich aller bekannten 88 Himmelskörper unseres Sonnensystems, die „größer als 200 Meilen" sind.

www.astronomie.de/gad
Hier finden Sie Adressen von Sternwarten in Ihrer Nähe. Sternwarten bieten ein umfangreiches pädagogisch aufbereitetes Programm für Grundschulkinder und weiterführende Schule. Über Märchen, Geschichten, Fantasiereisen und Himmelsbeobachtung bekommen die Kinder einen Zugang zum Sternenhimmel und unserem Sonnensystem.

www.verlagruhr.de
Die in diesem Werk angegebenen Internetadressen haben wir geprüft (Stand September 2007). Da sich Internetadressen und deren Inhalte schnell verändern können, ist nicht auszuschließen, dass unter einer Adresse inzwischen ein ganz anderer Inhalt angeboten wird. Wir können daher für die angegebenen Internetseiten keine Verantwortung übernehmen.

VERLAG *an der Ruhr*
– Keiner darf zurückbleiben –

„Die hat aber angefangen!"
Konflikte im Grundschulalltag fair und nachhaltig lösen
Kl. 1–4, 240 S., 16 x 23 cm, Pb.
ISBN 978-3-8346-0307-4
Best.-Nr. 60307
18,– € (D)/18,50 € (A)/31,50 CHF

Individuelle Entwicklungspläne
Schüler optimal begleiten und fördern – Das schwedische Modell
Kl. 1–10, 199 S., A4, Pb.
ISBN 978-3-8346-0261-9
Best.-Nr. 60261
20,80 € (D)/21,40 € (A)/36,40 CHF

Kinder verstehen Gedichte
Frühlings- und Sommergedichte
Kl. 2–4, 79 S., A4, Papphefter
ISBN 978-3-8346-0265-7
Best.-Nr. 60265
19,50 € (D)/20,– € (A)/34,20 CHF

Methoden-Schule Deutsch
Diktatformen, die Spaß machen
Kl. 2–4, 68 S., A4, Papphefter
ISBN 978-3-8346-0179-7
Best.-Nr. 60179
18,50 € (D)/19,– € (A)/32,40 CHF

Mehr unter www.verlagruhr.de

Das Lese-Aktionsspiel

Ab in die Wüste!
Kl. 2–3, 50 S., 9 x 11 cm, Spielkarten, zweifarbig, inkl. Spielanleitung, in Box
ISBN 978-3-8346-0183-4
Best.-Nr. 60183
9,80 € (D)/10,10 € (A)/17,30 CHF

Auf zum Mond!
Kl. 2–3, 50 S., 9 x 11 cm, Spielkarten, zweifarbig, inkl. Spielanleitung, in Box
ISBN 978-3-8346-0186-5
Best.-Nr. 60186
9,80 € (D)/10,10 € (A)/17,30 CHF

Häuptling Adlerfeder
Kl. 2–3, 50 S., 9 x 11 cm, Spielkarten, zweifarbig, inkl. Spielanleitung, in Box
ISBN 978-3-8346-0185-8
Best.-Nr. 60185
9,80 € (D)/10,10 € (A)/17,30 CHF

Ritterspektakel
Kl. 2–3, 50 S., 9 x 11 cm, Spielkarten, zweifarbig, inkl. Spielanleitung, in Box
ISBN 978-3-8346-0184-1
Best.-Nr. 60184
9,80 € (D)/10,10 € (A)/17,30 CHF

Vorlagen für kleine Lern- und Merkbücher – ABC
Malen, schreiben, lesen, falten
4–7 J., 46 S., A4, Pb.
ISBN 978-3-8346-0263-3
Best.-Nr. 60263
13,– € (D)/13,40 € (A)/23,30 CHF

Vorlagen für kleine Lern- und Merkbücher – Zahlen
Malen, schreiben, rechnen, falten
4–7 J., 46 S., A4, Pb.
ISBN 978-3-8346-0262-6
Best.-Nr. 60262
13,– € (D)/13,40 € (A)/23,30 CHF

Basics für VertretungslehrerInnen
Praxistipps und Stundenideen für die Grundschule
Kl. 1–4, 152 S., 16 x 23 cm, Pb.
ISBN 978-3-8346-0309-8
Best.-Nr. 60309
14,50 € (D)/14,90 € (A)/25,90 CHF

Mathe mit dem ganzen Körper
50 Bewegungsspiele zum Üben und Festigen
Kl. 1–4, 80 S., 16 x 23 cm, Pb.
ISBN 978-3-8346-0315-9
Best.-Nr. 60315
9,80 € (D)/10,10 € (A)/18,– CHF

Informationen und Beispielseiten
unter www.verlagruhr.de
Verlag an der Ruhr • Postfach 10 22 51
45422 Mülheim an der Ruhr

Bitte richten Sie Ihre Bestellung an:
Verlag an der Ruhr • Tel.: 0208– 49 50 40
Fax: 0208– 495 0 495 • bestellung@verlagruhr.de
Es gelten die aktuellen Preise auf unserer Internetseite.

Ausführliche Infos und Beispielseiten unter www.verlagruhr.de ▶▶

Kinder lernen Vögel kennen
Ein Arbeitsbuch mit Steckbriefen, Zeichnungen, Bildkarten und Vogelstimmen-CD
6–12 J., 202 S., A4, Pb.
(mit vierf. Abb.), mit Audio-CD
ISBN 978-3-8346-0086-8
Best.-Nr. 60086
22,50 € (D)/23,15 € (A)/39,40 CHF

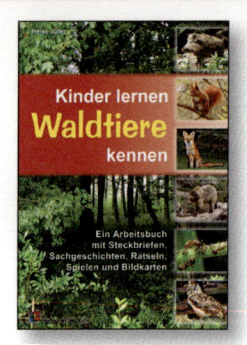

Kinder lernen Waldtiere kennen
Ein Arbeitsbuch mit Steckbriefen, Sachgeschichten, Rätseln, Spielen und Bildkarten
4–8 J., 167 S., A4, Pb.
(mit vierf. Abb.)
ISBN 978-3-8346-0244-2
Best.-Nr. 60244
17,50 € (D)/18,– € (A)/30,70 CHF

Bildbetrachtung – aktiv
90 Ideen für Grundschulkinder
Kl. 1–4, 112 S., A4, Pb.,
vierfarbig
ISBN 978-3-8346-0299-2
Best.-Nr. 60299
19,50 € (D)/20,– € (A)/34,20 CHF

Zeichnen mit der Schere
Annäherungen an Henri Matisse
Kl. 1–4, 98 S., A4, Spiralb.,
mit Audio-CD
ISBN 978-3-8346-0288-6
Best.-Nr. 60288
24,80 € (D)

Wasser erleben und erfahren
Eine Wasser-Werkstatt für Klasse 1/2
Kl. 1–2, 64 S., A4, Papphefter
ISBN 978-3-8346-0147-6
Best.-Nr. 60147
18,50 € (D)/19,– € (A)/32,40 CHF

Wasser erkunden und erfahren
Eine Wasser-Werkstatt für Klasse 3/4
Kl. 3–4, 66 S., A4, Papphefter
ISBN 978-3-8346-0198-8
Best.-Nr. 60198
18,50 € (D)/19,– € (A)/32,40 CHF

Von Schulanfang bis Abschiedsfeier
Schöne Theaterstücke mit wenig Aufwand
Kl. 1–4, 63 S., A4, Papphefter
ISBN 978-3-8346-0248-0
Best.-Nr. 60248
18,50 € (D)/19,– € (A)/32,40 CHF

Die Kunst-Ideen-Kiste für Kinder
Kreativ experimentieren mit neuen Techniken
5–10 J., 169 S., A4 quer, Pb.
ISBN 978-3-8346-0010-3
Best.-Nr. 60010
19,80 € (D)/20,35 € (A)/34,70 CHF

Mehr unter www.verlagruhr.de

Die Kinder-Lernwerkstatt Wachsen und größer werden
Lernangebote für Kinder von 3 bis 6 Jahren
3–6 J., 58 S., A4, Pb., zweifarbig
ISBN 978-3-8346-0201-5
Best.-Nr. 60201
14,50 € (D)/14,90 € (A)/25,40 CHF

Kinder entspannen mit Yoga
Von der kleinen Übung bis zum kompletten Kurs
5–10 J., 150 S., 21 x 22 cm, Pb.
ISBN 978-3-8346-0291-6
Best.-Nr. 60291
16,80 € (D)/17,30 € (A)/29,50 CHF

„Ich will nicht, dass die tot sind!"
Die Themen Sterben und Katastrophen mit Grundschulkindern
Kl. 1–4, 97 S., A4, Pb.
ISBN 978-3-8346-0253-4
Best.-Nr. 60253
19,– € (D)/19,50 € (A)/33,30 CHF

Stille Träume
Fantasiereisen für Kinder mit Arbeitsblättern und CD
5–10 J., 69 S., A4, Pb. mit CD
ISBN 978-3-8346-0254-1
Best.-Nr. 60254
20,– € (D)/20,50 € (A)/35,– CHF

Informationen und Beispielseiten unter www.verlagruhr.de
Verlag an der Ruhr • Postfach 10 22 51
45422 Mülheim an der Ruhr

Bitte richten Sie Ihre Bestellung an:
Verlag an der Ruhr • Tel.: 0208 – 49 50 40
Fax: 0208 – 495 0 495 • bestellung@verlagruhr.de
Es gelten die aktuellen Preise auf unserer Internetseite.